Hugo von Hofmannsthal

POESIE
UND LEBEN

Erfahrungen mit Wörtern
und Menschen

S. Fischer Verlag

Auswahl: Günther Busch
Textgestalt nach:
Hugo von Hofmannsthal,
Gesammelte Werke in Einzelausgaben,
herausgegeben von Herbert Steiner

Copyright 1950, 1951, 1952, 1955 by
S. Fischer Verlag GmbH, Frankfurt am Main
© S. Fischer Verlag GmbH, Frankfurt am Main, 1959
Für diese Ausgabe:
© S. Fischer Verlag GmbH, Frankfurt am Main, 1987
Satz und Druck: Wagner GmbH, Nördlingen
Einband: G. Lachenmaier, Reutlingen
Printed in Germany 1987
ISBN 3-10-031552-9

INHALT

ELEONORA DUSE

Eine Wiener Theaterwoche

Erster und zweiter Abend:
Kameliendame und Fedora

Zwei Rollen des Virtuosenrepertoires, zwei »große«
Rollen der Sarah Bernhardt und der Wolter.

Eleonora Duse hat keine »großen« Rollen; sie hat auch
in der Rolle keine »Szene«; sie hat auch in der Szene
keine »Nuance«. Sie spielt einfach alles: das ganze, lebendige Leben.

Ich möchte eine geniale Künstlerin, wie die Duse, nicht
gerne mit einer bedeutenden Schauspielerin, wie die
Wolter, vergleichen. Sie treiben verschiedene Künste;
zumindest wirken sie in derselben Kunst zweierlei.

Die Wolter ist unerreicht, auch heute unerreicht, in der
Schönheit des großen tragischen Gestus, in Gebärde
und Ton der klassischen Tradition. Sie hat die königliche Kunst des Schreitens und den königlichen Ton der
rhythmisch wogenden Leidenschaft. Niemand trägt
wie sie Stirnreif und wallendes Gewand. Es ist ein großes Kunstwerk in der majestätischen Melodik ihrer
Glieder und in dem Reichtum ihrer Töne, die viel auszudrücken vermögen und dieses Viele in Schönheit.

Rollen, die ihrem Stil fernliegen, wie die Kameliendame und die Fedora, spielt sie nicht ganz mit ihrer
großen Kunst, die eine Kunst des Stilisierens ist, sondern mehr mit ihrer gleich bewundernswerten Routine

und mit ihrem starken Temperament, das sich dem der Sarah Bernhardt wohl vergleichen darf.

Ich möchte auch nicht gern eine geniale Künstlerin, wie die Duse, mit einer großen Virtuosin, wie die Sarah Bernhardt, vergleichen.

Die Sarah Bernhardt hat keinen Stil, sie hat nur Temperament. Sie spielt sich selbst, die raffinierte Stimmungslyrik ihrer Glieder, die Tragikomödie ihrer Nerven, die Tierhetze ihrer Leidenschaften. Ihr Temperament sprengt jede Charakteristik: sie spielt immer das ganze Weib, den Schauer jedes einzelnen Nerven im Bündel, von der schmiegenden, katzenhaften câlinerie der Verführung bis zum heiseren Schrei des letzten Paroxysmus, eine reiche Skala seltener Offenbarungen, aber nur *eine* Skala; sie spielt in der Kokotte die Kaiserin, in der Kaiserin die Kokotte, in beiden das Weib. Victorien Sardou, der für sie ›Theodora‹ und ›Kleopatra‹ schrieb, hat das sehr gut verstanden.

Sie spielt mit jedem Zoll des Leibes; sogar die Zehen in Sandalen spielen mit und das wehende Haar über der Stirn, das Stimmungen abtönen hilft. Wundervoll ist die Beredsamkeit ihres steil ausgereckten Armes, ihres schmiegenden Nackens, ihres Lehnens, ihres Kauerns, ihres Gleitens, ihres Fallens, ihres Zuckens und ihres Erschlaffens.

Aber alle diese Dinge erzählen von nichts als sich selbst; ihnen ordnet sich die Szene unter, die Worte sind nur mehr ein ohnmächtiger Kommentar zu dem ganzen Sein, das Verlangen oder Jubel oder Taumel, irgendein Stadium der großen, *einen* Leidenschaft ausdrückt.

Diese kostbaren Dokumente der Entwicklung einer

großen Leidenschaft gibt die Sarah Bernhardt in jeder Rolle: sie individualisiert nicht, sie gibt das Geschlecht als solches.

Das ganz große Sensationsstück für sie dürfte nicht ›Theodora‹ heißen und nicht ›La Tosca‹ und nicht ›Marguerite Gautier‹: es müßte heißen ›Die Frau von 1890, Unsere Liebe Frau von den bebenden Nerven‹.

Die Duse spielt nicht sich, sie spielt die Gestalt des Dichters. Und wo der Dichter erlahmt und sie im Stiche läßt, spielt sie seine Puppe als ein lebendiges Wesen, in dem Geiste, den er nicht gehabt hat, mit der letzten Deutlichkeit des Ausdrucks, die er nicht gefunden hat, mit einheitlicher schaffender Gewalt und der Gabe der intuitiven Psychologie.

Ein Wiener Kritiker hat das hübsche Wort gefunden: »Sie spielt, was zwischen dem Text ist.« Sie spielt die Übergänge; sie füllt die Lücken der Motivierung aus; sie rekonstruiert im Drama den psychologischen Roman.

Sie malt mit einem Zucken der Lippen, einer Bewegung der Schulter, einem Schwenken des Tones das Reifen eines Entschlusses, das Vorüberschießen einer Gedankenkette, das ganze psycho-physiologische Ereignis, das dem Werden eines Wortes vorangeht. Von ihren Lippen liest man die unausgesprochenen Worte, auf ihrer Stirn huschen die unterdrückten Gedanken vorüber. Sie hat den Mut, das Wichtige hinzuwerfen und das Nebensächliche zu betonen, wo es sich im Leben vordrängt. Wie die Natur selbst unterstreicht sie Banalitäten und läßt Offenbarungen zu Boden fallen. Sie kann Worte so sprechen, daß man fühlt, wie sie im selben Augenblick den Glauben daran verliert. Sie

macht das Ungreifbare gegenständlich. Manches an ihrer Charakteristik verstehen wir nicht gleich mit dem
Bewußtsein; es wirkt nur auf unsere dunklen Vorstel-
lungsmassen ein und erzeugt Stimmungen, die mit der
Gewalt einer Suggestion über uns kommen. Das Publikum von heute, auch das aufmerksamste, hat gar
nicht die Fähigkeit, fortwährend Wichtiges, Charakte-
ristisches aufzufassen. Sie spielt Sardou und Dumas
mit der Psychologie Ibsens. Wie wird sie Ibsen selbst
spielen?

Dritter Abend: Nora

Ibsens Stücke haben keine Rollen; sie haben Menschen,
lebendige Menschen, seltsame und schwerverständ-
liche Menschen. Menschen mit kleinen Verhältnissen
und großen Gedanken; Menschen mit Lebensbedin-
gungen von vorgestern und Problemen von übermor-
gen; mit einem gigantischen Schicksal in einem pup-
penhaften Rahmen.
Die Duse scheint in ›Nora‹ nicht mehr spielen zu wollen als die Seelengeschichte einer kleinen Frau; und was
sie gibt, ist die große Symbolik der sozial-ethischen
Anklage.
Sie spielt nur das Individuelle, und wir fühlen das Typische. So muß der heilige Komödiant, von dem die
Chronik erzählt, im Passionsspiel unsern Herrn Jesus
Christus gespielt haben: als einen gemarterten, hilflo-
sen Mann, »und doch fühlte jeder, es war der Sohn
Gottes darin verborgen«.
Sie spielt die Lustigkeit, die kein Glück ist, und spielt,

hell lachend, das öde Dunkel hinter dem Lachen; sie spielt das Nicht-dran-denken-Wollen und Doch-dran-denken-Müssen; sie spielt das Eichkätzchen und die Lerche, und ihre bange Wildheit ängstigt wie durch physische Ansteckung; wie sie aus dem Fieberrhythmus der Tarantella mit einem Ruck in die Starrheit der tödlichen Angst zurückfällt, erbleicht sie, der Unterkiefer fällt herab, und die gequälten Augen schreien stumm auf. In den Pausen, wo die anderen spielen, kann man keinen Blick von ihr wenden: da malt sie das Werden der Erkenntnis, das Zerbröckeln inneren Truges, das schmerzliche Reifen des Notwendigen. Das dauert genau bis zur letzten Szene des dritten Aktes, bis zur großen Auseinandersetzung; man denkt nicht daran, daß ihr Entschluß hier reif sein *muß*, weil der Dichter es braucht; man sieht, daß er reif ist, weil man ihn werden gesehen hat, mit innerer Notwendigkeit, an der niemand zweifelt.

In Leid geläutert steht sie dann dem Manne gegenüber: ihre Stimme, früher kinderhaft und gaukelnd, ist klar und kalt und hart; die runden Lippen und die weichen Schultern sind hochmütig und starr geworden; es ist eine eisige unerbittliche Hoheit um sie. Dazwischen flüchtig aufleuchtender Haß, Rachsucht, augenblicklich zur Kälte gedämpft; dann, wie ihr die Kinder einfallen, fliegt ein Schatten von Tränen durch das silberne Schwirren der verächtlichen und hoheitsvollen Worte.

Während der ganzen langen Szene ging durch das Haus das Beben, das mehr ist als laut ausbrechender Beifall.

Wie sie die Ringe austauschen, fällt ihrer zu Boden; er

hebt ihn auf. Sie dankt mit einer leichten Neigung des Kopfes und einem halblauten »Danke«. Nichts ist erschütternder als dieses Emporsteigen der gesellschaftlichen Schranken zwischen Mann und Weib.

Man begreift den hochmütigen Ekel vor der Wohnung des »fremden Mannes«; man begreift das symbolische »Hinausgehen in die Nacht«.

Der kleine Zug mit dem Hinunterfallen des Ringes ist eines großen Dichters würdig; er fehlt in meiner Ausgabe der ›Nora‹; ich liebe es, mir vorzustellen, daß er von der Schauspielerin dazugedichtet ist. Ich glaube, Ibsen würde ihn nicht zurückweisen. Er ist sehr tief und sehr einfach. Und Ibsen liebt das Einfache, das tief ist.

Wir haben die Freude gehabt, Eleonora Duse in drei ihrer Rollen zu sehen; wir wissen, daß sie ebenso die exotische Wildheit der Kleopatra gestaltet und die Rokoko-Drolligkeit einer Bäuerin des Goldoni und die »perverse Naivetät« der Francillon und die frühreife süße Glut der Shakespeareschen Julia.

Wir wissen nicht, wo die Grenzen ihrer Kunst sein sollten.

Nicht in der Individualität: hat sie doch selber keine oder jede.

Nicht im Alter: man glaubt ihr die launische Grazie des verzogenen Kindes und die zuckende Leidenschaft der verblühten Frau.

Nicht in der Erscheinung: ich weiß nicht, wie sie aussieht. Die Worte schön oder häßlich haben für sie keinen Sinn. Ihr Körper ist nichts als die wechselnde Projektion ihrer wechselnden Stimmungen. Über ihr Gesicht gleiten Gesichter: ein kokettes kleines Mädchen mit spöttischen Augen und Lippen; eine blasse Frau mit den sorgenvoll saugenden Augen der Leidenschaft; eine hagere Bacchantin mit tiefliegenden heißen Augen und trockenen Lippen um den offenen Mund, die Muskeln des Halses wild angeschwollen; und eine schöne kalte Statue mit der großen Ruhe auf der glänzenden Stirn.

Sie hat jedesmal einen anderen Gang: den elastisch gleichmäßigen der großen Dame, den trippelnd wiegenden der kleinen Nora, den wollüstig weichen, ziehenden der armen sentimentalen Kokotte. Alle ihre Glieder sprechen jedesmal eine andere Sprache: die blassen, feinen Finger der Fedora scheinen am nächsten Tag verwandelt in die weichen, schmeichelnden der Kameliendame, am nächsten in die zappelnden, spielenden der Frau im Puppenhaus.

Sie hat jedesmal ein anderes Weinen: das warme, gute, in dem sich die große Nervenspannung löst, wo ihr die wirklichen Tränen leise über die Wangen rinnen; und das zornige Schluchzen; und das herzzerreißende stille Weinen der Hilflosigkeit . . . Sie hat Gewalt über Blässe und Röte und über die Regungen des Leibes, die wir die unbewußten nennen.

Ist es ein Wunder, wenn sie Gewalt hat über unsere erstaunten Sinne und wenn die Menschen in der ganzen großen Stadt kein größeres, kein persönlicheres Ereignis wissen als die Gegenwart dieser Frau, von der niemand wußte und die keiner ergründet . . .?

DIE MENSCHEN IN IBSENS DRAMEN

Eine kritische Studie

Man ist wohl nie in Versuchung gekommen, einen Vortrag zu überschreiben: von den Menschen in den Dramen Shakespeares, oder Otto Ludwigs, oder Goethes. Ebensowenig als »über die Menschen im wirklichen Leben«. Der Titel würde gar nichts sagen: es gibt ja dort nichts als Menschen, plastische, lebendige Menschen, die sich handelnd und leidend ausleben, und in diesem Ausleben liegt alles. Sonst wird nichts gewollt und nichts vorausgesetzt. Bei Ibsen hat sich die Diskussion, haben sich Begeisterung und Ablehnung fast immer an etwas außerhalb der Charakteristik Liegendes angeknüpft: an Ideen, Probleme, Ausblicke, Reflexionen, Stimmungen.

Trotzdem gibt es in diesen Theaterstücken auch Menschen, das heißt, wenn man genauer zusieht, einen Menschen, Varianten eines sehr reichen, sehr modernen und sehr scharf geschauten Menschentypus. Außerdem Hintergrundsfiguren, flüchtige Farbenflecke für den Kontrast, Explikationsfiguren, die den Haupttypus kritisieren und Details hinzufügen, und Parallelfiguren, in die einzelne Züge der Hauptfigur projiziert sind, die gewissermaßen eine grell beleuchtete Seelenseite des ganzen Menschen darstellen.

So weit die beiden Individualitäten auch voneinander abstehen, es ist ganz dieselbe Erscheinung wie bei Byron: hier wie dort diese eine durchgehende Figur mit

dem Seelenleben des Dichters, mit den inneren Erleb-
nissen, die sich nie verleugnen, ein wenig stilisiert, ein
wenig variiert, aber wesentlich eins. Dort hieß sie
Manfred, Lara, Mazeppa, Tasso, Foscari, Childe Ha-
rold, der Giaur, der Corsar; sie hatte einen etwas theatralischen Mantel, verzerrte Züge, einen gewaltigen
Willen und die Rhetorik heftiger und melancholischer
Menschen, sie war eigentlich ein sehr geradliniges, ein-
faches Wesen. Hier heißt sie Julian der Apostat, Photo-
graph Ekdal, Peer Gynt, Bildhauer Lyngstrand, Dr.
Helmer, Dr. Brendel, Dr. Rank oder Frau Hedda, Frau
Ellida, Frau Nora. Sie ist gar kein geradliniges Wesen;
sie ist sehr kompliziert; sie spricht eine nervöse hastige
Prosa, unpathetisch und nicht immer ganz deutlich; sie
ironisiert sich selbst, sie reflektiert und kopiert sich
selbst. Sie ist ein fortwährend wechselndes Produkt aus
ihrer Stimmung und ihrer eigenen Kritik dieser Stimmung.

Alle diese Menschen leben ein schattenhaftes Leben;
sie erleben fast keine Taten und Dinge, fast ausschließ-
lich Gedanken, Stimmungen und Verstimmungen. Sie
wollen wenig, sie tun fast nichts. Sie denken übers
Denken, fühlen sich fühlen und treiben Autopsycholo-
gie. Sie sind sich selbst ein schönes Deklamations-
thema, obwohl sie gewiß oft sehr wirklich unglücklich
sind; denn das Reden und Reflektieren ist ihr eigent-
licher Beruf: sie sind oft Schriftsteller: Kaiser Julian
trägt das Kleid der Weisheitslehrer und schreibt kleine,
anspruchsvolle und pedantische Broschüren; Hjalmar
Ekdal und Ulrich Brendel werden wahrscheinlich
nächstens ein epochemachendes Werk herausgeben,
und Ejlert Lövborg hat sogar schon eines geschrieben;

oder sie sind müßige, nervöse und schönsinnige
Frauen, wie die Frau vom Meere und die andere, die in
Schönheit gestorben ist. Sie ermangeln aller Naivetät,
sie haben ihr Leben in der Hand und betasten es ängstlich und wollen ihm einen Stil geben und Sinn hineinle-
gen; sie möchten im Leben untersinken, sie möchten,
daß irgend etwas komme und sie stark forttrage und
vergessen mache auf sich selbst. Es ist in ihnen ganz die
Sehnsucht des Niels Lyhne: »Das Leben ein Gedicht!
Aber nicht so, daß man immer herumging und an sich
selbst dichtete, statt es zu leben. Wie war das inhaltslos,
leer, leer, leer: dieses Jagdmachen auf sich selbst, seine
eigene Spur listig beobachtend... dieses Zum-Spaß-
sich-Hineinwerfen in den Strom des Lebens und
Gleich-wieder-Dasitzen und Sich-selbst-Auffischen in
der einen oder der anderen kuriosen Vermummung!
Wenn es nur über einen kommen wollte – Leben,
Liebe, Leidenschaft –, so daß man nicht mehr dichten
konnte, sondern daß es dichtete mit einem.« Dieses
Rätselhafte, das kommen soll und einen forttragen und
dem Leben einen großen Sinn geben und allen Dingen
neue Farbe und allen Worten eine Seele, hat vielerlei
Namen für diese Menschen.
Bald ist es das »Wunderbare«, wonach sich die Nora
sehnt; für Julian und für Hedda ist es das Griechische,
das große Bacchanal, mit adeliger Anmut und Wein-
laub im Haar; oder es ist das Meer, das rätselhaft ver-
lockt, oder es ist ein freies Leben in großartigen Formen, Amerika, Paris. Alles nur symbolische Namen
für irgendein »Draußen« und »Anders«. Es ist nichts
anderes als die suchende Sehnsucht des Stendhal nach
dem »imprévu«; nach dem Unvorhergesehenen, nach

dem, was nicht »ekel, schal und flach und unerträglich« in der Liebe, im Leben. Es ist nichts anderes als das verträumte Verlangen der Romantiker nach der mondbeglänzten Zauberwildnis, nach offenen Felsentoren und redenden Bildern, nach irgendeiner niegeahnten Märchenhaftigkeit des Lebens.

Sie leben in kleinen Verhältnissen, in unerträglichen, peinlichen, verstimmenden, gelbgrauen kleinen Verhältnissen, und sie sehnen sich alle fort. Wenn man ihnen verspricht, sie weit fortzubringen, rufen sie aus: »Nun werde ich doch endlich einmal wirklich leben.« Sie sehnen sich fort, wie man sich aus grauem, eintönigem, ewigem Regen nach Sonnenschein sehnt. »Mich dünkt«, sagt der oder jener, »wir leben hier nicht viel anders als die Fische im Teich. Den Fjord haben sie so dicht bei sich, und da streichen die großen wilden Fischzüge aus und ein. Aber davon bekommen die armen zahmen Hausfische nichts zu wissen; sie dürfen nie mit dabei sein.« Es muß doch eine neue Offenbarung kommen, sagen sie, oder eine Offenbarung von etwas Neuem.

Es ist in diesen Verhältnissen ungeheuer viel Klatsch und ungeheuer viel irritierende Kleinlichkeit und Monotonie. In ›Kaiser und Galiläer‹ gibt es Hofintrigen und Gelehrtenintrigen, Bureauklatsch und Stadtklatsch. In der ›Hedda Gabler‹ weiß um 10 Uhr morgens schon die ganze Stadt, daß Ejlert Lövborg in der Nacht schon wieder betrunken war. Im ›Volksfeind‹ und in den ›Stützen der Gesellschaft‹ ist der Klatsch sogar das Hauptmotiv: »Was wird der Buchdrucker sich denken, und was wird der Gerichtsrat sagen, und was wird der Rektor urteilen.« In solchen Verhältnissen verliert man mit sinnlosen Widerwärtigkeiten so viel Zeit, daß man leicht auf den Gedanken kommt, sein ganzes Leben versäumt zu haben. In ›Peer Gynt‹ ist eine rührende Szene, wo den alten Mann sein ganzes ungelebtes Leben, die ungedachten Gedanken, die ungesprochenen Worte, die ungeweinten Tränen, die versäumten Werke vorwurfsvoll und traurig umschweben. Bevor sie anfingen unter solchen Verhältnissen zu leiden, haben fast alle diese Menschen eine verwirrende, halb traumhafte Kindheit durchlebt, wie in einem Märchenwald, aus der sie heraustreten mit einem unstillbaren Heimweh und einer isolierenden Besonderheit, wie Parzival in die Welt reitet im Narrenkleid und mit der Erfahrung eines kleinen Kindes. Diese Kindheit Parzivals im Wald Brezilian hat für meine Empfindung immer etwas sehr Symbolisches gehabt. Dieses Aufwachsen in einer dämmernden Einsamkeit unter traumhaften Fragen nach Gott und Welt, auf die eine kindlich-traumhafte Mutterantwort folgt, das ist eigentlich das typische Aufwachsen in der dämmernden, rätselhaft webenden Atmosphäre des Elternhauses, wo alle Dimensionen verschoben, alle Dinge stilisiert erscheinen; denn Kinderaugen geben den Dingen einen Stil, den wir dann vergebens wiederzufinden streben: sie stilisieren das Alltägliche zum Märchenhaften, zum Heroischen, so wie Angst, Fieber oder Genialität stilisieren. In solch einem Wald Brezilian, der ein Puppenheim ist, sind sie alle aufgewachsen: Nora und Hedda bei kranken und exzentrischen Vätern, Hjalmar bei hysterischen Frauen, den Tanten, Julian in der schlechten Luft eines byzantinischen Klosters, Peer Gynt bei der phantastischen halbverrückten Mutter, und so fort. Aus dieser Kindheit haftet ihnen immer etwas so eigentümlich Verträumtes an; sie denken scheinbar immer an etwas anderes als wovon sie reden; sie sind eben alle Dichter, oder eigentlich sensitive Dilettanten. Sie haben viel von Kaiser Nero und viel von Don Quijote; denn sie wollen auch Gedichte ins Leben übertragen, ob selbsterfundene oder anempfundene ist ja gleichgültig. Einige haben sich resigniert daran gewöhnt, nicht mehr an das Wunderbare zu glauben, das von außen kommen soll. Sie glauben an die unendlichen Möglichkeiten des Wunderbaren, die im Menschen selbst liegen: sie glauben an den schöpferischen, verklärenden, adelnden Schmerz. Das ist ein persönlicher Lieblingsglaube von Herrn Henrik Ibsen: er glaubt, daß das Wunderbare in den Menschen dann aufwacht, wenn sie etwas sehr Schweres erleben . . .

Sie haben auch das Spielen mit den wachen, den lebendigen Worten, das so sehr eine Dichtereigenschaft ist: gewisse Worte scheinen für sie einen ganz anderen Sinn zu haben als für die gewöhnlichen Menschen: sie sprechen sie mit einem eigenen Ton, halb Wohlgefallen, halb Grauen aus, wie heilige, bannkräftige Formeln. Sie haben untereinander Zitate und geflügelte Worte, auch wenn sie nicht zufällig eitle Sophisten sind wie Kaiser Julian, der sich immer selbst zitiert. Sie sind auch um ihre Abgänge sehr bekümmert: sie lieben das arrangierte Sterben; wenn sie nicht mit Zitaten aus Seneca umsinken, wie die Prinzen in einem jugendlichen Drama Shakespeares, so liegt wenigstens in der Situation eine leichte Pose. Mir fällt das traurige Wort eines jungen Mädchens aus der guten Gesellschaft ein, die ein paar Wochen vor ihrem Tod mit elegantem Lächeln sagte: »Après tout, le suicide calme, c'est la seule chose bien aristocratique qui nous reste.« Das könnte fast die Frau Hedda gesagt haben oder der Doktor Rank; auch die kleine Hedwig stirbt nicht naiv. Und Julian, nach einem Leben voll Enttäuschungen, kann nicht sterben, ohne an den Effekt zu denken: »Sieh dies schwarze Wasser«, sagt er zu seinem Freund, »glaubst du, wenn ich spurlos vom Erdboden verschwände und mein Leib nirgends gefunden würde und niemand wüßte, wo ich geblieben wäre – glaubst du nicht, daß sich die Sage verbreiten möchte, Hermes wäre zu mir gekommen und hätte mich fortgeführt, und ich wäre in die Gemeinschaft der Götter aufgenommen?«

Wie nahe stehen wir hier der Manier des Nero, jenes wirklichen und höchst lebendigen Nero, den Renan aus den Details des Petronius, des Sueton und der Apokalypse zusammengesetzt hat: ein mittelmäßiger Künstler, in dessen Kopf Bakchos und Sardanapal, Ninus und Priamus, Troja und Babylon, Homer und die fade Reimerei der Zeitgenossen irr durcheinanderschwankt, ein eitler Virtuos, der das Parterre zittern macht und davor zittert, ein schöngeistiger Dilettant, der durch eine Smaragdbrille den Leichnam seiner Mutter ästhetisch betrachtet, hier lobend, dort tadelnd, und dem in seiner eigenen Todesstunde nichts als literarische Reminiszenzen einfallen. Er erinnert sich, daß er Rollen gespielt hat, in denen er Vatermörder und zu Bettlern herabgekommene Fürsten darstellte, bemerkt, daß er das alles jetzt für seine Rechnung spiele, und deklamiert den Vers des Ödipus:

Θανεῖν μ' ἄνωγε οὕγγαμος, μήτηρ, πατήρ.
Weib und Mutter und Vater heißen mich sterben!

Dann redet er griechisch, macht Verse, bis man plötzlich das Geräusch herankommender Reiterei hört, die
ihn lebendig fangen soll. Da ruft er aus:

»Dumpfes Geräusch von eilenden Rossen erschüttert
das Ohr mir!«

und empfängt von einem Sklaven, der den Dolch her-
absenkt, den Todesstoß »in Schönheit«.
Kein Wunder übrigens, daß zwischen jenem Julian und
diesem Nero eine solche Verwandtschaft besteht; sie
sind beide bis zu einem geringen Grade Selbstporträts
ihrer Dichter, zweier geistreicher Weisheitslehrer des
neunzehnten Jahrhunderts.
Die Erziehung des Nero in dem rhetorischen Seminar
des affektierten Seneca, des Virtuosen der Anempfin-
dung, hat mit der unserigen viel Verwandtschaft; und
das hübsche Wort, das Seneca über seine Zeit gesagt
hat, »Literarum intemperantia laboramus«, könnten
alle diese literarischen Dilettantenmenschen der Ibsen-
Dramen in ihre Tagebücher schreiben und so kom-
mentieren: »Mein Leben hat mich nirgends fortgeris-
sen und getragen; mir fehlte die Unmittelbarkeit des
Erlebens, und es war so kleinlich, daß ich, um ihm In-
teresse zu geben, es immer mit geistreichen Deutun-
gen, künstlichen Antithesen und Nuancen ausschmük-
ken mußte.« Dieses Dekorieren des gemeinen Lebens,
diese schöne und sinnreiche Lebensführung, die nur in
ihrer Terminologie ein wenig an die der protestanti-

schen Erbauungsbücher gemahnt, dieses starke, alles
absorbierende Denken an das »eine Notwendige«, dieses harte und herbe Betonen der Pflichten gegen sich
selbst bringt je nach den Figuren zweierlei endgültige
Konzeptionen des Lebensproblems mit sich: einmal
das symbolische Sich-Isolieren, das nervöse Bedürfnis,
Abgründe ringsum sich zu schaffen, das Alleinbleiben
des Volksfeindes, das Einsamwerden auf Rosmers-
holm, das Hinauslaufen der Nora in die Nacht; oder
man bleibt im Leben und zwischen den Menschen stehen: aber als der heimliche Herr, und alle anderen sind
Objekte, Akkumulatoren von Stimmungen, Möbel,
Instrumente zur Beleuchtung, zur Erheiterung, zur
Verstimmung oder zur Rührung. So behandelt Herr
Helmer seine Frau und seinen Freund Rank. Die Frau
ist ein Spielzeug, eine hübsche, graziöse Puppe, die er
in Gesellschaft führt, dort läßt er sie Tarantella tanzen,
sammelt die Lobsprüche ab und führt sie wieder fort,
ob sie will oder nicht; und wie sein Freund sich versteckt, um still zu sterben, wie ein verwundetes Tier,
sagt er: »Schade, er mit seinem Leiden und seiner Ver-
einsamung gab gleichsam einen schönen, bewölkten
Hintergrund ab für unser sonnenhelles Glück.« Noch
hübscher aber ist es in einem anderen Stück, wo eine
Gruppe von drei Menschen sich wechselseitig so als
Ding und Stimmungsobjekt behandelt; ich meine den
kranken Bildhauer Lyngstrand und die beiden jungen
Mädchen, die Stieftöchter der Frau vom Meere: der
hoffnungslos kranke Mensch spricht von seiner bevor-
stehenden Reise nach Italien und nimmt der älteren
von den zwei Mädchen das Versprechen ab, immer aus
ihrer eintönigen, armen Existenz heraus an ihn zu den-

ken. Wozu eigentlich? »Ja, sehen Sie«, sagt er, »so zu wissen, daß es irgendwo auf der Welt ein junges, zartes und schweigsames Weib gibt, das still umhergeht und von einem träumt . . .«

Er findet das ungeheuer »anregend«.

Dabei interessiert er sich aber eigentlich gar nicht für sie, sondern für die Jüngere, eine halberwachsene, sehr gescheite kleine Person.

»Wenn ich wiederkomme«, sagt er zu ihr, »werden Sie ungefähr im selben Alter sein wie Ihre Schwester jetzt. Vielleicht sehen Sie dann auch aus, wie Ihre Schwester jetzt aussieht. Vielleicht sind Sie dann gleichsam Sie selbst und sie sozusagen in einer Gestalt . . .«

Hilde spielt mit dem Gedanken, daß der Mensch, der ihr das alles sagt, nie mehr wiederkommen wird, weil sie weiß, daß er sterben muß. Ihr macht dieser Flirt vor der Tür des Todes ein eigentümliches Vergnügen. Sie fragt ihn, wie sie sich in Schwarz ausnehmen würde, ganz in Schwarz, mit einer schwarzen Halskrause und schwarzen, matten Handschuhen . . .

»So als junge, schöne trauernde Witwe, nicht?«

»Ja«, meint sie, »oder eine junge trauernde Braut.«

Sie findet wieder *den* Gedanken ungeheuer anregend.

Diese resignierten Egoisten, wie Hjalmar, Helmer und Hilde, und die Pathetisch-Isolierten, wie Stockmann oder Nora, sind für meine Empfindungen nur Stadien ein und desselben inneren Erlebnisses, und diese verschiedenen Menschen sind nichts als der eine Ibsensche Mensch in verschiedenen Epochen der Entwicklung. Alle Ibsenschen Menschen repräsentieren nichts anderes als eine Leiter von Seelenzuständen, die zum Beispiel der eine Julian schon alle im Keime hat und durchlebt. In jedem Stücke wird eine Idee, das heißt, eine Seite des großen Grundproblems, besonders betont und in französischer Manier mit viel Räsonnement durchgeführt.

Und das Grundproblem ist, glaube ich, immer das eine, wesentlich undramatische: Wie verhält sich der Ibsensche Mensch, der künstlerische Egoist, der sensitive Dilettant mit überreichem Selbstbeobachtungsvermögen, mit wenig Willen und einem großen Heimweh nach Schönheit und Naivität, wie verhält sich dieser Mensch im Leben? Wie, wenn man ihn binden und zwingen will und er ist schwach und hilflos gestimmt? – Nora.

Oder wenn man ihn zwingen will und er ist stark und hochmütig gestimmt? – Stockmann.

Oder man läßt ihm Freiheit und die Qual des Wählens? – Frau vom Meere.

Oder er ist arm und hätte gemeinmenschliche Pflichten? – Hjalmar.

Oder er hat alle Macht der Welt? – Julian.

Oder er ist unrettbar krank? – Oswald Alving.

Oder er ist überspannt erzogen worden? – Hedda.

Ich glaube, die Antwort ist sehr einfach: eigentlich hat er zwischen den Menschen keinen rechten Platz und kann mit dem Leben nichts anfangen. Darum geht er manchmal sterben, wie Julian, Rosmer, Hedda. Oder er »stellt sich allein«, was fast dasselbe ist: Nora, Stockmann. Oder er lebt weiter, einsam zwischen den Menschen, in selbstsüchtigen Kombinationen ihr heimlicher Herr: Hjalmar, Helmer, Hilde ... in hochmütiger Resignation und enttäuschter Kühle, ein zerbrechliches, künstliches Dasein. –

Inzwischen ist der ›Baumeister Solneß‹ erschienen.
Das ist eine wunderliche Mischung von Allegorie und
Darstellung realen Lebens. Wie wenn Bauernkinder
bei Nacht in ausgehöhlte Kürbisköpfe Lichter stecken,
die durch das gelbrote dünne Fleisch scheinen, so
scheint hier die allegorische Bedeutung durch hohle,
menschenähnliche Puppen. Man hat das ganze Stück
geistreich und gewiß nicht unrichtig als eine symbolische Darstellung von Ibsens innerer Entwicklung,
von seinem Künstlerverhältnis zu Gott, zu den anderen
und zu sich selbst aufgefaßt. Der Künstlermensch, der
große Baumeister, steht in der Mitte zwischen den beiden Königen aus den ›Kronprätendenten‹. Denn die
Könige bei Ibsen sind auch Baumeister und die Baumeister Könige; oder alle beide Dichter, königliche
Baumeister der Seelen. Baumeister Solneß steht also
zwischen dem König Hakon und dem König Skule. Er
hat das dämonische Glück wie der eine, und wird von
Zweifeln zernagt wie der andere. Er hat das Ingenium,
den eingeborenen Beruf, das Baumeistertum von Gottes Gnaden, das Recht und die Pflicht, sich durchzuset-
zen, wie der geborene König Hakon, »der mit dem Kö-
nigsgedanken«; und er hat die Kleinheit und die Angst
und die Gewissensqual und die Sehnsucht nach Kraft
und Leichtigkeit des Lebens, wie der König Skule, der
kein Recht hat, König zu sein. Wie diese Könige und
Baumeister, so sieht der Künstlermensch aus, von innen gesehen; und die Karikatur davon ist Hjalmar und
Julian. Neben dem schaffenden Künstler steht das for-
dernde Leben, das spöttische, verwirrende. So steht neben dem zweifelnden Baumeister die Prinzessin Hilde.
Es ist die erwachsene kleine Hilde, die Stieftochter der

Frau vom Meere. Der Baumeister hat ihr einmal ein Königreich versprochen, und das kommt sie jetzt fordern. Wenn er ein geborener König ist, muß ihm das ja ganz leicht sein. Wenn nicht, so geht er einfach daran zugrunde. Und das wäre ja ungeheuer anregend. Ihr Königreich liegt, wie das der Nora und der Hedda, im Wunderbaren. Dort, wo einem schwindlig wird. Dort, wo eine fremde Macht einen packt und fortträgt. Auch er hat in der Seele diesen Zug nach dem Stehen auf hohen Türmen, wo es im Wind und in der dämmernden Einsamkeit unheimlich schön ist, wo man mit Gott redet und von wo man herabstürzen und tot sein kann. Aber er ist nicht schwindelfrei: er hat Angst vor sich selbst, Angst vor dem Glück, Angst vor dem Leben, dem ganzen rätselhaften Leben. Auch zu Hilde zieht ihn Angst, ein eigenes, verlockendes Grauen, das Grauen des Künstlers vor der Natur, vor dem Erbarmungslosen, Dämonischen, Sphinxhaften, das sich in der Frau verkörpert, mystisches Grauen vor der Jugend. Denn die Jugend hat etwas Unheimliches, einen berauschenden und gefährlichen Hauch des Lebens in sich, der rätselhaft und ängstigend ist. Alles Problematische, alles zurückgedämmte Mystische in ihm erwacht unter ihrer Berührung. In Hilde begegnet er sich selbst: er verlangt das Wunderbare von sich, aus sich heraus will er es erzwingen und dabei zusehen und den Schauer fühlen, »wenn das Leben über einen kommt und mit einem dichtet«. Da fällt er sich tot.

Ich glaube nicht, daß diese halb geistreiche, halb leichtfertige Art, die Dramen Ibsens zu zerpflücken und durcheinanderzuschütteln, ihnen wirklich schaden kann. Man kann ja nicht zwischen ihnen herumgehen wie zwischen wirklichen Menschen in lebendiger Luft, wie in der Shakespearewelt vom Markt durch den Schloßhof in des Königs Betstube, und von da durch das lärmende Bankett die Treppen hinab und an der Wachtstube vorbei, an der Schenke, an des Friedensrichters Haus, am Kreuzweg, am Friedhof... aber man geht durch die reiche und schweigende Seele eines wunderbaren Menschen, mit Mondlicht, phantastischen Schatten und wanderndem Wind und schwarzen Seen, stillen Spiegeln, in denen man sich selbst erkennt, gigantisch vergrößert und unheimlich schön verwandelt.

POESIE UND LEBEN

Aus einem Vortrag

Sie haben mich kommen lassen, damit ich Ihnen etwas
über einen Dichter dieser Zeit erzähle, oder auch über
einige Dichter oder über die Dichtung überhaupt. Sie
hören gern, wovon ich, muß man denken, gerne reden
mag; wir sind alle jung, und so kann es dem Anscheine
nach nichts Bequemeres und Harmloseres geben. Ich
glaube wirklich, es würde mir nicht sehr schwer werden, ein paar hundert Adjektiva und Zeitwörter so zusammenzustellen, daß sie Ihnen eine Viertelstunde lang
Vergnügen machen würden; hauptsächlich darum
eben glaube ich das, weil ich weiß, daß wir alle jung
sind, und mir ungefähr denken kann, zu welcher Pfeife
Sie gerne tanzen. Es ist ziemlich leicht, sich bei der Generation einzuschmeicheln, der man angehört. »Wir«
ist ein schönes Wort, die Länder der Mitlebenden rollen sich als große Hintergründe auf bis an die Meere, ja
bis an die Sterne, und unter den Füßen liegen die Ver-
gangenheiten, in durchsichtigen Abgründen gelagert
wie Gefangene. Und von der Dichtung der Gegenwart
zu sprechen, gibt es mehrere falsche Arten, die gefällig
sind. Und Sie besonders sind ja so gewohnt, über die
Künste reden zu hören. Unglaublich viele Schlagworte
und Eigennamen haben Sie in Ihrem Gedächtnis, und
alle sagen Ihnen etwas. Sie sind so weit gekommen,
daß Ihnen überhaupt nichts mehr mißfällt. Ich müßte
Ihnen allerdings verschweigen, daß mir die meisten

Namen nichts, rein gar nichts sagen; daß mich von dem, was mit diesen Namen unterzeichnet wird, auch nicht der geringste Teil irgendwie befriedigt. Ich müßte Ihnen verschweigen, daß ich ernsthaft erkannt zu haben glaube, daß man über die Künste überhaupt fast gar nicht reden soll, fast gar nicht reden kann, daß es nur das Unwesentliche und Wertlose an den Künsten ist, was sich der Beredung nicht durch sein stummes Wesen ganz von selber entzieht, und daß man desto schweigsamer wird, je tiefer man einmal in die Ingründe der Künste hineingekommen ist. Über eine große Verschiedenheit in unserer Art zu denken müßte ich Sie also hinwegtäuschen. Aber der Frühling draußen und die Stadt, in der wir leben, mit den vielen Kirchen und den vielen Gärten und den vielerlei Arten von Menschen, und das sonderbare, betrügerische, jasagende Element des Lebens kämen mir mit so vielen bunten Schleiern zu Hilfe, daß Sie glauben würden, ich habe mit Ihnen geopfert, wo ich gegen Sie geopfert habe, und mich loben würden.

Andererseits glaube ich, es könnte mir nicht gar sehr schwer fallen, mich zu Ihrem Geschmack und Ihren ästhetischen Gewohnheiten in einen unerwarteten und quasi unterhaltenden Gegensatz zu bringen. Aber ob Sie zu den Sätzen, in denen ich versuchen könnte, etwas derartiges auseinanderzulegen, mit dem Lächeln der Auguren und allzu geübten Feuilletonleser lächeln oder ob Sie mich mit verhaltenem Widerwillen anhören würden, auf keinen Fall würde ich mir schmeicheln, von Ihnen verstanden worden zu sein, auf keinen Fall würde ich annehmen, daß Sie meine Meinung anders als formal und scheinmäßig zur Kenntnis genommen hätten. Ich würde mich angegriffen sehen mit Argumenten, die mich nicht treffen, und in Schutz genommen von Argumenten, die mich nicht decken. Ich würde mir manchmal hilflos vorkommen wie ein unmündiges Kind und dann wieder der Verständigung entwachsen wie ein zu alter Mann: und das alles auf meinem eigenen Feld, in der einzigen Sache, von der ich möglicherweise etwas verstehe. Denn eine Art von Wohlerzogenheit würde Ihnen ja verbieten, den Streit auf die benachbarten, mir durch meine Unkenntnisse ganz verwehrten Gebiete, wie Geschichte, Sittengeschichte oder Soziologie, hinüberzudrängen. Aber auf meinem eigenen kleinen Felde würde ich Sie mit schweren Waffen gegen das kämpfen sehen, was ich für Vogelscheuchen ansehe, und heiter über Bäche streben, die ich für abgrundtiefe und tödlich starke, ewige Grenzen halte. Das größte Mißtrauen aber würde mich erfüllen, falls Sie mir etwa zustimmten; dann wäre ich doppelt überzeugt, daß Sie alles bildlich genommen hätten, was ich wörtlich gemeint hätte, oder daß irgendeine andere Täuschung geschehen wäre.

Alles Lob, das ich meinem Dichter spenden kann, wird Ihnen dürftig vorkommen: nur dünn und schwach wird es über eine breite Kluft des Schweigens zu Ihnen hintönen. Ihre Kritiker und Kunstrichter nehmen, wenn sie loben, den Mund voll wie wasserspeiende Tritonen: aber ihr Lob geht auf Trümmer und Teile, meines auf das Ganze, ihre Bewunderung aufs Relative, meine aufs Absolute.

Ich glaube, daß der Begriff des Ganzen in der Kunst überhaupt verlorengegangen ist. Man hat Natur und

Nachbildung zu einem unheimlichen Zwitterding zusammengesetzt, wie in den Panoramen und Kabinetten mit Wachsfiguren. Man hat den Begriff der Dichtung erniedrigt zu dem eines verzierten Bekenntnisses. Eine ungeheure Verwirrung haben gewisse Worte Goethes verschuldet, von einer zu feinen Bildlichkeit, um von Biographen und Notenschreibern richtig gefaßt zu werden. Man erinnert sich an die gefährlichen Gleichnisse vom Gelegenheitsgedicht und von dem »sich etwas von der Seele Schreiben«. Ich weiß nicht, was einem Panorama ähnlicher wäre, als wie man den »Werther« in den Goethebiographien hergerichtet hat, mit jenen unverschämten Angaben, wie weit das Materielle des Erlebnisses reiche und wo der gemalte Hintergrund anfange. Damit hat man sich ein neues Organ geschaffen, das Formlose zu genießen. Die Zersetzung des Geistigen in der Kunst ist in den letzten Jahrzehnten von den Philologen, den Zeitungsschreibern und den Scheindichtern gemeinsam betrieben worden. Daß wir einander heute so gar nicht verstehen, daß ich zu Ihnen minder leicht über einen Dichter Ihrer Zeit und Ihrer Sprache reden kann, als Ihnen ein englischer Reisender über die Gebräuche und die Weltanschauung eines asiatischen Volkes etwas wirklich zur Kenntnis bringen könnte, das kommt von einer großen Schwere und Häßlichkeit, die viele staubfressende Geister in unsere Kultur gebracht haben.

Ich weiß nicht, ob Ihnen unter all dem ermüdenden Geschwätz von Individualität, Stil, Gesinnung, Stimmung und so fort nicht das Bewußtsein dafür abhanden gekommen ist, daß das Material der Poesie die Worte sind, daß ein Gedicht ein gewichtloses Gewebe aus Worten ist, die durch ihre Anordnung, ihren Klang und ihren Inhalt, indem sie die Erinnerung an Sichtbares und die Erinnerung an Hörbares mit dem Element der Bewegung verbinden, einen genau umschriebenen, traumhaft deutlichen, flüchtigen Seelenzustand hervorrufen, den wir Stimmung nennen. Wenn Sie sich zu dieser Definition der leichtesten der Künste zurückfinden können, werden Sie etwas wie eine verworrene Last des Gewissens von sich abgetan haben. Die Worte sind alles, die Worte, mit denen man Gesehenes und Gehörtes zu einem neuen Dasein hervorrufen und nach inspirierten Gesetzen als ein Bewegtes vorspiegeln kann. Es führt von der Poesie kein direkter Weg ins Leben, aus dem Leben keiner in die Poesie. Das Wort als Träger eines Lebensinhaltes und das traumhafte Bruderwort, welches in einem Gedicht stehen kann, streben auseinander und schweben fremd aneinander vorüber, wie die beiden Eimer eines Brunnens. Kein äußerliches Gesetz verbannt aus der Kunst alles Vernünfteln, alles Hadern mit dem Leben, jeden unmittelbaren Bezug auf das Leben und jede direkte Nachahmung des Lebens, sondern die einfache Unmöglichkeit: diese schweren Dinge können dort ebensowenig leben als eine Kuh in den Wipfeln der Bäume.

»Den Wert der Dichtung« – ich bediene mich der Worte eines mir unbekannten aber wertvollen Verfassers – »den Wert der Dichtung entscheidet nicht der Sinn (sonst wäre sie etwa Weisheit, Gelahrtheit), sondern die Form, das heißt durchaus nichts Äußerliches, sondern jenes tief Erregende in Maß und Klang, wodurch zu allen Zeiten die Ursprünglichen, die Meister sich von den Nachfahren, den Künstlern zweiter Ordnung unterschieden haben. Der Wert einer Dichtung ist auch nicht bestimmt durch einen einzelnen, wenn auch noch so glücklichen Fund in Zeile, Strophe oder größerem Abschnitt. Die Zusammenstellung, das Verhältnis der einzelnen Teile zueinander, die notwendige Folge des einen aus dem andern kennzeichnet erst die hohe Dichtung.«

Ich füge zwei Bemerkungen hinzu, die sich beinahe von selbst ergeben:

Das Rhetorische, wobei das Leben als Materie auftritt, und jene Reflexionen in getragener Sprache haben auf den Namen Gedicht keinen Anspruch.

Über das allein Ausschlaggebende, die Wahl der Worte und wie sie gesetzt werden müssen (Rhythmus), wird immer zuletzt beim Künstler der Takt, beim Hörer die Empfänglichkeit zu urteilen haben.

Dies, was allein das Wesen der Dichtung ausmacht, wird am meisten verkannt. Ich kenne in keinem Kunststil ein Element, das schmählicher verwahrlost wäre als das Eigenschaftswort bei den neueren deutschen sogenannten Dichtern. Es wird gedankenlos hingesetzt oder mit einer absichtlichen Grellmalerei, die alles lähmt. Die Unzulänglichkeit des rhythmischen Gefühles aber ist ärger. Es scheint beinahe niemand mehr zu wissen, daß das der Hebel aller Wirkung ist. Es hieße einen Dichter über alle Deutschen der letzten Jahrzehnte stellen, wenn man von ihm sagen könnte: Er hat die Adjektiva, die nicht totgeboren sind, und seine Rhythmen gehen nirgends gegen seinen Willen.

Jeder Rhythmus trägt in sich die unsichtbare Linie jener Bewegung, die er hervorrufen kann; wenn die

Rhythmen erstarren, wird die in ihnen verborgene Gebärde der Leidenschaft zur Tradition, wie die, aus welchen das gewöhnliche unbedeutende Ballett zusammengesetzt ist.

Ich kann die »Individualitäten« nicht gut begreifen, die
keinen eigenen Ton haben, deren innere Bewegungen
sich einem beiläufigen Rhythmus anpassen. Ich kann
ihre Uhlandschen, ihre Eichendorffschen Maße nicht
mehr hören und beneide niemanden, der es noch kann,
um seine groben Ohren.

Der eigene Ton ist alles; wer den nicht hält, begibt sich
der inneren Freiheit, die erst das Werk möglich machen
kann. Der Mutigste und der Stärkste ist der, der seine
Worte am freiesten zu stellen vermag; denn es ist nichts
so schwer, als sie aus ihren festen, falschen Verbindun-
gen zu reißen. Eine neue und kühne Verbindung von
Worten ist das wundervollste Geschenk für die Seelen
und nichts Geringeres als ein Standbild des Knaben
Antinous oder eine große gewölbte Pforte.

Man lasse uns Künstler in Worten sein, wie andere in
den weißen und farbigen Steinen, in getriebenem Erz, in
den gereinigten Tönen oder im Tanz. Man preise uns für
unsere Kunst, die Rhetoren aber für ihre Gesinnung und
ihre Wucht, die Weisheitslehrer für ihre Weisheit, die
Mystiker für ihre Erleuchtungen. Wenn man aber wiederum Bekenntnisse will, so sind sie in den Denkwür-
digkeiten der Staatsmänner und Literaten, in den
Geständnissen der Ärzte, der Tänzerinnen und Opium-
esser zu finden: für Menschen, die das Stoffliche nicht
vom Künstlerischen zu unterscheiden wissen, ist die
Kunst überhaupt nicht vorhanden; aber freilich auch für
sie gibt es Geschriebenes genug.

Sie wundern sich über mich. Sie sind enttäuscht und finden, daß ich Ihnen das Leben aus der Poesie vertreibe.

Sie wundern sich, daß Ihnen ein Dichter die Regeln lobt und in Wortfolgen und Maßen das Ganze der Poesie sieht. Es gibt aber schon zu viele Dilettanten, welche die Intentionen loben, und das ganze Wertlose hat Diener an allen schweren Köpfen. Auch seien Sie unbesorgt: ich werde Ihnen das Leben wiedergeben. Ich weiß, was das Leben mit der Kunst zu schaffen hat. Ich liebe das Leben, vielmehr ich liebe nichts als das Leben. Aber ich liebe nicht, daß man gemalten Menschen elfenbeinerne Zähne einzusetzen wünscht und marmorne Figuren auf die Steinbänke eines Gartens setzt, als wären es Spaziergänger. Sie müssen sich abgewöhnen, zu verlangen, daß man mit roter Tinte schreibt, um glauben zu machen, man schreibe mit Blut.

Ich habe Ihnen zu viel von Wirkung versprochen und zu wenig von Seele. Ja, denn ich halte Wirkung für die Seele der Kunst, für ihre Seele und ihren Leib, für ihren Kern und ihre Schale, für ihr ganzes völliges Wesen. Wenn sie nicht wirkte, wüßte ich nicht, wozu sie da wäre. Wenn sie aber durch das Leben wirkte, durch das Stoffliche in ihr, wüßte ich wieder nicht, wozu sie da wäre. Man hat gesagt, daß unter den Künsten ein wechselseitiges Bestreben fühlbar sei, die eigene Sphäre der Wirkung zu verlassen und den Wirkungen einer Schwesterkunst nachzuhängen: als das gemeinsame Ziel alles solchen Andersstrebens aber hebt sich deutlich die Musik hervor, denn das ist die Kunst, in der das Stoffliche bis zur Vergessenheit überwunden ist.

Das Element der Dichtkunst ist ein Geistiges, es sind die schwebenden, die unendlich vieldeutigen, die zwischen Gott und Geschöpf hangenden Worte. Eine schöngesinnte Dichterschule der halbvergangenen Zeit hat viel Starrheit und enges Verstehen verschuldet, indem sie zu reichlich war im Vergleichen der Gedichte mit geschnittenen Steinen, Büsten, Juwelen und Bauwerken.

Mit dem obigen aber ist gesagt, warum die Gedichte sind wie die unscheinbaren aber verzauberten Becher, in denen jeder den Reichtum seiner Seele sieht, die dürftigen Seelen aber fast nichts.

Von den Veden, von der Bibel angefangen, können alle Gedichte nur von Lebendigen ergriffen, nur von Lebendigen genossen werden. Ein geschnittener Stein, ein schönes Gewebe gibt sich immer her, ein Gedicht vielleicht einmal im Leben. Ein großer Sophist hat an den Dichtern dieser Zeit getadelt, daß sie zu wenig von der Innigkeit der Worte wissen. Aber was wissen die Menschen dieser Zeit von der Innigkeit des Lebens! Die nicht Einsam-sein kennen und nicht Miteinander-sein, nicht Stolz-sein und nicht Demütig-sein, nicht Schwächer-sein und nicht Stärker-sein, wie sollen die in den Gedichten die Zeichen der Einsamkeit und der Demut und der Stärke erkennen? Je besser einer reden kann und je stärker in ihm das scheinhafte Denken ist, desto weiter ist er von den Anfängen der Wege des Lebens entfernt. Und nur mit dem Gehen der Wege des Lebens, mit den Müdigkeiten ihrer Abgründe und den Müdigkeiten ihrer Gipfel wird das Verstehen der geistigen Kunst erkauft. Aber die Wege sind so weit, ihre unaufhörlichen Erlebnisse zehren einander so unerbittlich auf, daß die Sinnlosigkeit alles Erklärens, alles Beredens sich auf die Herzen legt, wie eine tödliche und doch göttliche Lähmung, und die wahrhaft Verstehenden sind wiederum schweigsam wie die wahrhaft Schaffenden.

Sie haben mich kommen lassen, damit ich Ihnen von einem Dichter erzähle. Aber ich kann Ihnen nichts erzählen, was Ihnen seine Gedichte nicht erzählen können, weder über ihn, noch über andere Dichter, noch über Dichtung überhaupt. Was das Meer ist, darum darf man am wenigsten die Fische fragen. Nur höchstens, daß es nicht von Holz ist, erfährt man von ihnen.

EIN BRIEF

Dies ist der Brief, den Philipp Lord Chandos, jüngerer Sohn des Earl of Bath, an Francis Bacon, später Lord Verulam und Viscount St. Albans, schrieb, um sich bei diesem Freunde wegen des gänzlichen Verzichtes auf literarische Betätigung zu entschuldigen.

Es ist gütig von Ihnen, mein hochverehrter Freund, mein zweijähriges Stillschweigen zu übersehen und so an mich zu schreiben. Es ist mehr als gütig, Ihrer Besorgnis um mich, Ihrer Befremdung über die geistige Starrnis, in der ich Ihnen zu versinken scheine, den Ausdruck der Leichtigkeit und des Scherzes zu geben, den nur große Menschen, die von der Gefährlichkeit des Lebens durchdrungen und dennoch nicht entmutigt sind, in ihrer Gewalt haben.
Sie schließen mit dem Aphorisma des Hippokrates: »Qui gravi morbo correpti dolores non sentiunt, iis mens aegrotat« und meinen, ich bedürfe der Medizin nicht nur, um mein Übel zu bändigen, sondern noch mehr, um meinen Sinn für den Zustand meines Innern zu schärfen. Ich möchte Ihnen so antworten, wie Sie es um mich verdienen, möchte mich Ihnen ganz aufschließen und weiß nicht, wie ich mich dazu nehmen soll. Kaum weiß ich, ob ich noch derselbe bin, an den Ihr kostbarer Brief sich wendet; bin denn ichs, der nun Sechsundzwanzigjährige, der mit neunzehn jenen

›Neuen Paris‹, jenen ›Traum der Daphne‹, jenes ›Epi-
thalamium‹ hinschrieb, diese unter dem Prunk ihrer
Worte hintaumelnden Schäferspiele, deren eine himm-
lische Königin und einige allzu nachsichtige Lords und
Herren sich noch zu entsinnen gnädig genug sind? Und
bin ichs wiederum, der mit dreiundzwanzig unter den
steinernen Lauben des großen Platzes von Venedig in
sich jenes Gefüge lateinischer Perioden fand, dessen
geistiger Grundriß und Aufbau ihn im Innern mehr
entzückte als die aus dem Meer auftauchenden Bauten
des Palladio und Sansovin? Und konnte ich, wenn ich
anders derselbe bin, alle Spuren und Narben dieser
Ausgeburt meines angespanntesten Denkens so völlig
aus meinem unbegreiflichen Innern verlieren, daß
mich in Ihrem Brief, der vor mir liegt, der Titel jenes
kleinen Traktates fremd und kalt anstarrt, ja daß ich ihn
nicht als ein geläufiges Bild zusammengefaßter Worte
sogleich auffassen, sondern nur Wort für Wort verstehen konnte, als träten mir diese lateinischen Wörter,
so verbunden, zum ersten Male vors Auge? Allein ich
bin es ja doch und es ist Rhetorik in diesen Fragen, Rhetorik, die gut ist für Frauen oder für das Haus der Gemeinen, deren von unserer Zeit so überschätzte Macht-
mittel aber nicht hinreichen, ins Innere der Dinge zu
dringen. Mein Inneres aber muß ich Ihnen darlegen,
eine Sonderbarkeit, eine Unart, wenn Sie wollen eine
Krankheit meines Geistes, wenn Sie begreifen sollen,
daß mich ein ebensolcher brückenloser Abgrund von
den scheinbar vor mir liegenden literarischen Arbeiten
trennt als von denen, die hinter mir sind und die ich, so
fremd sprechen sie mich an, mein Eigentum zu nennen
zögere.

Ich weiß nicht, ob ich mehr die Eindringlichkeit Ihres
Wohlwollens oder die unglaubliche Schärfe Ihres Ge-
dächtnisses bewundern soll, wenn Sie mir die verschiedenen kleinen Pläne wieder hervorrufen, mit denen ich
mich in den gemeinsamen Tagen schöner Begeisterung trug. Wirklich, ich wollte die ersten Regierungs-
jahre unseres verstorbenen glorreichen Souveräns, des
achten Heinrich, darstellen! Die hinterlassenen Aufzeichnungen meines Großvaters, des Herzogs von
Exeter, über seine Negoziationen mit Frankreich und
Portugal gaben mir eine Art von Grundlage. Und aus
dem Sallust floß in jenen glücklichen, belebten Tagen
wie durch nie verstopfte Röhren die Erkenntnis der
Form in mich herüber, jener tiefen, wahren, inneren
Form, die jenseits des Geheges der rhetorischen Kunst-
stücke erst geahnt werden kann, die, von welcher man
nicht mehr sagen kann, daß sie das Stoffliche anordne,
denn sie durchdringt es, sie hebt es auf und schafft
Dichtung und Wahrheit zugleich, ein Widerspiel ewi-
ger Kräfte, ein Ding, herrlich wie Musik und Algebra.
Dies war mein Lieblingsplan.

Was ist der Mensch, daß er Pläne macht!

Ich spielte auch mit anderen Plänen. Ihr gütiger Brief
läßt auch diese heraufschweben. Jedweder vollgesogen
mit einem Tropfen meines Blutes, tanzen sie vor mir
wie traurige Mücken an einer düsteren Mauer, auf der
nicht mehr die helle Sonne der glücklichen Tage
liegt.

Ich wollte die Fabeln und mythischen Erzählungen,
welche die Alten uns hinterlassen haben, und an denen
die Maler und Bildhauer ein endloses und gedanken-
loses Gefallen finden, aufschließen als die Hierogly-

phen einer geheimen, unerschöpflichen Weisheit, deren Anhauch ich manchmal, wie hinter einem Schleier, zu spüren meinte.

Ich entsinne mich dieses Planes. Es lag ihm ich weiß nicht welche sinnliche und geistige Lust zugrunde: Wie der gehetzte Hirsch ins Wasser, sehnte ich mich hinein in diese nackten, glänzenden Leiber, in diese Sirenen und Dryaden, diesen Narcissus und Proteus, Perseus und Aktäon: verschwinden wollte ich in ihnen und aus ihnen heraus mit Zungen reden. Ich wollte. Ich wollte noch vielerlei. Ich gedachte eine Sammlung »Apophthegmata« anzulegen, wie deren eine Julius Cäsar verfaßt hat: Sie erinnern die Erwähnung in einem Briefe des Cicero. Hier gedachte ich die merkwürdigsten Aussprüche nebeneinanderzusetzen, welche mir im Verkehr mit den gelehrten Männern und den geistreichen Frauen unserer Zeit oder mit besonderen Leuten aus dem Volk oder mit gebildeten und ausgezeichneten Personen auf meinen Reisen zu sammeln gelungen wäre; damit wollte ich schöne Sentenzen und Reflexionen aus den Werken der Alten und der Italiener vereinigen, und was mir sonst an geistigen Zieraten in Büchern, Handschriften oder Gesprächen entgegenträte; ferner die Anordnung besonders schöner Feste und Aufzüge, merkwürdige Verbrechen und Fälle von Raserei, die Beschreibung der größten und eigentümlichsten Bauwerke in den Niederlanden, in Frankreich und Italien und noch vieles andere. Das ganze Werk aber sollte den Titel »Nosce te ipsum« führen.

Um mich kurz zu fassen: Mir erschien damals in einer Art von andauernder Trunkenheit das ganze Dasein als eine große Einheit: geistige und körperliche Welt schien mir keinen Gegensatz zu bilden, ebensowenig höfisches und tierisches Wesen, Kunst und Unkunst, Einsamkeit und Gesellschaft; in allem fühlte ich Natur, in den Verirrungen des Wahnsinns ebensowohl wie in den äußersten Verfeinerungen eines spanischen Zeremoniells; in den Tölpelhaftigkeiten junger Bauern nicht minder als in den süßesten Allegorien; und in aller Natur fühlte ich mich selber; wenn ich auf meiner Jagdhütte die schäumende laue Milch in mich hineintrank, die ein struppiger Mensch einer schönen, sanftäugigen Kuh aus dem Euter in einen Holzeimer niedermolk, so war mir das nichts anderes, als wenn ich, in der dem Fenster eingebauten Bank meines studio sitzend, aus einem Folianten süße und schäumende Nahrung des Geistes in mich sog. Das eine war wie das andere; keines gab dem andern weder an traumhafter überirdischer Natur, noch an leiblicher Gewalt nach, und so gings fort durch die ganze Breite des Lebens, rechter und linker Hand; überall war ich mitten drinnen, wurde nie ein Scheinhaftes gewahr: Oder es ahnte mir, alles wäre Gleichnis und jede Kreatur ein Schlüssel der andern, und ich fühlte mich wohl den, der imstande wäre, eine nach der andern bei der Krone zu packen und mit ihr so viele der andern aufzusperren, als sie aufsperren könnte. Soweit erklärt sich der Titel, den ich jenem enzyklopädischen Buche zu geben gedachte.

Es möchte dem, der solchen Gesinnungen zugänglich ist, als der wohlangelegte Plan einer göttlichen Vorsehung erscheinen, daß mein Geist aus einer so aufgeschwollenen Anmaßung in dieses Äußerste von Kleinmut und Kraftlosigkeit zusammensinken mußte, welches nun die bleibende Verfassung meines Innern ist. Aber dergleichen religiöse Auffassungen haben keine Kraft über mich; sie gehören zu den Spinnennetzen, durch welche meine Gedanken hindurchschießen, hinaus ins Leere, während so viele ihrer Gefährten dort hangenbleiben und zu einer Ruhe kommen. Mir haben sich die Geheimnisse des Glaubens zu einer erhabenen Allegorie verdichtet, die über den Feldern meines Lebens steht wie ein leuchtender Regenbogen, in einer stetigen Ferne, immer bereit, zurückzuweichen, wenn ich mir einfallen ließe hinzueilen und mich in den Saum seines Mantels hüllen zu wollen.

Aber, mein verehrter Freund, auch die irdischen Begriffe entziehen sich mir in der gleichen Weise. Wie soll ich es versuchen, Ihnen diese seltsamen geistigen Qualen zu schildern, dies Emporschnellen der Fruchtzweige über meinen ausgereckten Händen, dies Zurückweichen des murmelnden Wassers vor meinen dürstenden Lippen?

Mein Fall ist, in Kürze, dieser: Es ist mir völlig die Fähigkeit abhanden gekommen, über irgend etwas zusammenhängend zu denken oder zu sprechen.

Zuerst wurde es mir allmählich unmöglich, ein höheres oder allgemeineres Thema zu besprechen und dabei jene Worte in den Mund zu nehmen, deren sich doch alle Menschen ohne Bedenken geläufig zu bedienen pflegen. Ich empfand ein unerklärliches Unbehagen, die Worte »Geist«, »Seele« oder »Körper« nur auszusprechen. Ich fand es innerlich unmöglich, über die Angelegenheiten des Hofes, die Vorkommnisse im Parlament, oder was Sie sonst wollen, ein Urteil herauszubringen. Und dies nicht etwa aus Rücksichten irgendwelcher Art, denn Sie kennen meinen bis zur Leichtfertigkeit gehenden Freimut: sondern die abstrakten Worte, deren sich doch die Zunge naturgemäß bedienen muß, um irgendwelches Urteil an den Tag zu geben, zerfielen mir im Munde wie modrige Pilze. Es begegnete mir, daß ich meiner vierjährigen Tochter Katharina Pompilia eine kindische Lüge, deren sie sich schuldig gemacht hatte, verweisen und sie auf die Notwendigkeit, immer wahr zu sein, hinführen wollte, und dabei die mir im Munde zuströmenden Begriffe plötzlich eine solche schillernde Färbung annahmen und so ineinander überflossen, daß ich, den Satz, so gut es ging, zu Ende haspelnd, so wie wenn mir unwohl geworden wäre und auch tatsächlich bleich im Gesicht und mit einem heftigen Druck auf der Stirn, das Kind allein ließ, die Tür hinter mir zuschlug und mich erst zu Pferde, auf der einsamen Hutweide einen guten Galopp nehmend, wieder einigermaßen herstellte.

Allmählich aber breitete sich diese Anfechtung aus wie ein um sich fressender Rost. Es wurden mir auch im familiären und hausbackenen Gespräch alle die Urteile, die leichthin und mit schlafwandelnder Sicherheit abgegeben zu werden pflegen, so bedenklich, daß ich aufhören mußte, an solchen Gesprächen irgend teilzunehmen. Mit einem unerklärlichen Zorn, den ich nur mit Mühe notdürftig verbarg, erfüllte es mich, dergleichen zu hören, wie: diese Sache ist für den oder jenen gut oder schlecht ausgegangen: Sheriff N. ist ein böser, Prediger T. ein guter Mensch; Pächter M. ist zu bedauern, seine Söhne sind Verschwender; ein anderer ist zu beneiden, weil seine Töchter haushälterisch sind; eine Familie kommt in die Höhe, eine andere ist im Hinab-

sinken. Dies alles erschien mir so unbeweisbar, so lü-
genhaft, so löcherig wie nur möglich. Mein Geist
zwang mich, alle Dinge, die in einem solchen Gespräch
vorkamen, in einer unheimlichen Nähe zu sehen: so
wie ich einmal in einem Vergrößerungsglas ein Stück
von der Haut meines kleinen Fingers gesehen hatte, das
einem Blachfeld mit Furchen und Höhlen glich, so
ging es mir nun mit den Menschen und ihren Handlungen. Es gelang mir nicht mehr, sie mit dem vereinfa-
chenden Blick der Gewohnheit zu erfassen. Es zerfiel
mir alles in Teile, die Teile wieder in Teile, und nichts
mehr ließ sich mit einem Begriff umspannen. Die einzelnen Worte schwammen um mich; sie gerannen zu
Augen, die mich anstarrten und in die ich wieder hin-
einstarren muß: Wirbel sind sie, in die hinabzusehen
mich schwindelt, die sich unaufhaltsam drehen und
durch die hindurch man ins Leere kommt.

Ich machte einen Versuch, mich aus diesem Zustand in
die geistige Welt der Alten hinüberzuretten. Platon
vermied ich; denn mir graute vor der Gefährlichkeit
seines bildlichen Fluges. Am meisten gedachte ich
mich an Seneca und Cicero zu halten. An dieser Harmonie begrenzter und geordneter Begriffe hoffte ich
zu gesunden. Aber ich konnte nicht zu ihnen hinüber.
Diese Begriffe, ich verstand sie wohl: ich sah ihr wundervolles Verhältnisspiel vor mir aufsteigen wie herr-
liche Wasserkünste, die mit goldenen Bällen spielen.
Ich konnte sie umschweben und sehen, wie sie zueinander spielten; aber sie hatten es nur miteinander zu
tun, und das Tiefste, das Persönliche meines Denkens,
blieb von ihrem Reigen ausgeschlossen. Es überkam
mich unter ihnen das Gefühl furchtbarer Einsamkeit;

mir war zumut wie einem, der in einem Garten mit lauter augenlosen Statuen eingesperrt wäre; ich flüchtete wieder ins Freie.

Seither führe ich ein Dasein, das Sie, fürchte ich, kaum begreifen können, so geistlos, so gedankenlos fließt es dahin; ein Dasein, das sich freilich von dem meiner Nachbarn, meiner Verwandten und der meisten landbesitzenden Edelleute dieses Königreiches kaum unterscheidet und das nicht ganz ohne freudige und belebende Augenblicke ist. Es wird mir nicht leicht, Ihnen anzudeuten, worin diese guten Augenblicke bestehen; die Worte lassen mich wiederum im Stich. Denn es ist ja etwas völlig Unbenanntes und auch wohl kaum Benennbares, das in solchen Augenblicken, irgendeine Erscheinung meiner alltäglichen Umgebung mit einer überschwellenden Flut höheren Lebens wie ein Gefäß erfüllend, mir sich ankündet. Ich kann nicht erwarten, daß Sie mich ohne Beispiel verstehen, und ich muß Sie um Nachsicht für die Albernheit meiner Beispiele bitten. Eine Gießkanne, eine auf dem Felde verlassene Egge, ein Hund in der Sonne, ein ärmlicher Kirchhof, ein Krüppel, ein kleines Bauernhaus, alles dies kann das Gefäß meiner Offenbarung werden. Jeder dieser Gegenstände und die tausend anderen ähnlichen, über die sonst ein Auge mit selbstverständlicher Gleichgültigkeit hinweggleitet, kann für mich plötzlich in irgend einem Moment, den herbeizuführen auf keine Weise in meiner Gewalt steht, ein erhabenes und rührendes Gepräge annehmen, das auszudrücken mir alle Worte zu arm scheinen. Ja, es kann auch die bestimmte Vorstellung eines abwesenden Gegenstandes sein, dem die unbegreifliche Auserwählung zuteil wird, mit jener sanft und jäh steigenden Flut göttlichen Gefühles bis an den Rand gefüllt zu werden. So hatte ich unlängst den Auftrag gegeben, den Ratten in den Milchkellern eines meiner Meierhöfe ausgiebig Gift zu streuen. Ich ritt gegen Abend aus und dachte, wie Sie vermuten können, nicht weiter an die Sache. Da, wie ich im tiefen, aufgeworfenen Ackerboden Schritt reite, nichts Schlimmeres in meiner Nähe als eine aufgescheuchte Wachtelbrut und in der Ferne über den welligen Feldern die große sinkende Sonne, tut sich mir im Innern plötzlich dieser Keller auf, erfüllt mit dem Todeskampf dieses Volks von Ratten. Alles war in mir: die mit dem süßlich scharfen Geruch des Giftes angefüllte kühldumpfe Kellerluft und das Gellen der Todesschreie, die sich an modrigen Mauern brachen; diese ineinander geknäulten Krämpfe der Ohnmacht, durcheinander hinjagenden Verzweiflungen; das wahnwitzige Suchen der Ausgänge; der kalte Blick der Wut, wenn zwei einander an der verstopften Ritze begegnen. Aber was versuche ich wiederum Worte, die ich verschworen habe! Sie entsinnen sich, mein Freund, der wundervollen Schilderung von den Stunden, die der Zerstörung von Alba Longa vorhergehen, aus dem Livius? Wie sie die Straßen durchirren, die sie nicht mehr sehen sollen . . . wie sie von den Steinen des Bodens Abschied nehmen. Ich sage Ihnen, mein Freund, dieses trug ich in mir und das brennende Karthago zugleich; aber es war mehr, es war göttlicher, tierischer; und es war Gegenwart, die vollste erhabenste Gegenwart. Da war eine Mutter, die ihre sterbenden Jungen um sich zucken hatte und nicht auf die Verendenden, nicht auf die unerbittlichen steinernen Mauern, sondern in die leere Luft, oder durch

die Luft ins Unendliche hin Blicke schickte und diese
Blicke mit einem Knirschen begleitete! – Wenn ein die-
nender Sklave voll ohnmächtigen Schauders in der
Nähe der erstarrenden Niobe stand, er muß das durchgemacht haben, was ich durchmachte, als in mir die
Seele dieses Tieres gegen das ungeheure Verhängnis
die Zähne bleckte.

Vergeben Sie mir diese Schilderung, denken Sie aber
nicht, daß es Mitleid war, was mich erfüllte. Das dürfen Sie ja nicht denken, sonst hätte ich mein Beispiel
sehr ungeschickt gewählt. Es war viel mehr und viel
weniger als Mitleid: ein ungeheures Anteilnehmen, ein
Hinüberfließen in jene Geschöpfe oder ein Fühlen, daß
ein Fluidum des Lebens und Todes, des Traumes und
Wachens für einen Augenblick in sie hinübergeflossen
ist – von woher? Denn was hätte es mit Mitleid zu tun,
was mit begreiflicher menschlicher Gedankenver-
knüpfung, wenn ich an einem anderen Abend unter einem Nußbaum eine halbvolle Gießkanne finde, die ein
Gärtnerbursche dort vergessen hat, und wenn mich diese Gießkanne und das Wasser in ihr, das vom Schatten
des Baumes finster ist, und ein Schwimmkäfer, der auf
dem Spiegel dieses Wassers von einem dunklen Ufer
zum andern rudert, wenn diese Zusammensetzung
von Nichtigkeiten mich mit einer solchen Gegenwart
des Unendlichen durchschauert, von den Wurzeln
der Haare bis ins Mark der Fersen mich durchschauert, daß ich in Worte ausbrechen möchte, von denen
ich weiß, fände ich sie, so würden sie jene Cheru-
bim, an die ich nicht glaube, niederzwingen, und daß
ich dann von jener Stelle schweigend mich wegkehre
und nach Wochen, wenn ich dieses Nußbaums ansich-

tig werde, mit scheuem seitlichen Blick daran vorüber-
gehe, weil ich das Nachgefühl des Wundervollen, das
dort um den Stamm weht, nicht verscheuchen will,
nicht vertreiben die mehr als irdischen Schauer, die um
das Buschwerk in jener Nähe immer noch nachwogen.
In diesen Augenblicken wird eine nichtige Kreatur, ein
Hund, eine Ratte, ein Käfer, ein verkümmerter Apfel-
baum, ein sich über den Hügel schlängelnder Kar-
renweg, ein moosbewachsener Stein mir mehr, als
die schönste, hingebendste Geliebte der glücklichsten
Nacht mir je gewesen ist. Diese stummen und manchmal unbelebten Kreaturen heben sich mir mit einer
solchen Fülle, einer solchen Gegenwart der Liebe entgegen, daß mein beglücktes Auge auch ringsum auf
keinen toten Fleck zu fallen vermag. Es erscheint mir
alles, alles, was es gibt, alles, dessen ich mich entsinne,
alles, was meine verworrensten Gedanken berühren,
etwas zu sein. Auch die eigene Schwere, die sonstige
Dumpfheit meines Hirnes erscheint mir als etwas; ich
fühle ein entzückendes, schlechthin unendliches Widerspiel in mir und um mich, und es gibt unter den gegen-
einanderspielenden Materien keine, in die ich nicht hin-
überzufließen vermöchte. Es ist mir dann, als bestünde
mein Körper aus lauter Chiffern, die mir alles aufschließen. Oder als könnten wir in ein neues, ahnungsvolles Verhältnis zum ganzen Dasein treten, wenn wir
anfingen, mit dem Herzen zu denken. Fällt aber diese
sonderbare Bezauberung von mir ab, so weiß ich
nichts darüber auszusagen; ich könnte dann ebensowenig in vernünftigen Worten darstellen, worin diese
mich und die ganze Welt durchwebende Harmonie be-
standen und wie sie sich mir fühlbar gemacht habe, als

ich ein Genaueres über die inneren Bewegungen meiner Eingeweide oder die Stauungen meines Blutes anzugeben vermöchte.

Von diesen sonderbaren Zufällen abgesehen, von denen ich übrigens kaum weiß, ob ich sie dem Geist oder dem Körper zurechnen soll, lebe ich ein Leben von kaum glaublicher Leere und habe Mühe, die Starre meines Innern vor meiner Frau und vor meinen Leuten die Gleichgültigkeit zu verbergen, welche mir die Angelegenheiten des Besitzes einflößen. Die gute und strenge Erziehung, welche ich meinem seligen Vater verdanke, und die frühzeitige Gewöhnung, keine Stunde des Tages unausgefüllt zu lassen, sind es, scheint mir, allein, welche meinem Leben nach außen hin einen genügenden Halt und den meinem Stande und meiner Person angemessenen Anschein bewahren.

Ich baue einen Flügel meines Hauses um und bringe es zustande, mich mit dem Architekten hie und da über die Fortschritte seiner Arbeit zu unterhalten; ich bewirtschafte meine Güter, und meine Pächter und Beamten werden mich wohl etwas wortkarger, aber nicht ungütiger als früher finden. Keiner von ihnen, der mit abgezogener Mütze vor seiner Haustür steht, wenn ich abends vorüberreite, wird eine Ahnung haben, daß mein Blick, den er respektvoll aufzufangen gewohnt ist, mit stiller Sehnsucht über die morschen Bretter hinstreicht, unter denen er nach den Regenwürmern zum Angeln zu suchen pflegt, durchs enge, vergitterte Fenster in die dumpfe Stube taucht, wo in der Ecke das niedrige Bett mit bunten Laken immer auf einen zu warten scheint, der sterben will, oder auf einen, der geboren werden soll; daß mein Auge lange an den häß-

lichen jungen Hunden hängt oder an der Katze, die ge-
schmeidig zwischen Blumenscherben durchkriecht,
und daß es unter all den ärmlichen und plumpen Ge-
genständen einer bäurischen Lebensweise nach jenem
einem sucht, dessen unscheinbare Form, dessen von
niemand beachtetes Daliegen oder -lehnen, dessen
stumme Wesenheit zur Quelle jenes rätselhaften, wort-
losen, schrankenlosen Entzückens werden kann. Denn
mein unbenanntes seliges Gefühl wird eher aus einem
fernen, einsamen Hirtenfeuer mir hervorbrechen als
aus dem Anblick des gestirnten Himmels; eher aus
dem Zirpen einer letzten, dem Tode nahen Grille,
wenn schon der Herbstwind winterliche Wolken über
die öden Felder hintreibt, als aus dem majestätischen
Dröhnen der Orgel. Und ich vergleiche mich manchmal in Gedanken mit jenem Crassus, dem Redner, von
dem berichtet wird, daß er eine zahme Muräne, einen
dumpfen, rotäugigen, stummen Fisch seines Ziertei-
ches, so über alle Maßen liebgewann, daß es zum Stadt-
gespräch wurde; und als ihm einmal im Senat Domitius vorwarf, er habe über den Tod dieses Fisches
Tränen vergossen, und ihn dadurch als einen halben
Narren hinstellen wollte, gab ihm Crassus zur Antwort: »So habe ich beim Tode meines Fisches getan,
was Ihr weder bei Eurer ersten noch Eurer zweiten
Frau Tod getan habt.«
Ich weiß nicht, wie oft mir dieser Crassus mit seiner
Muräne als ein Spiegelbild meines Selbst, über den Abgrund der Jahrhunderte hergeworfen, in den Sinn
kommt. Nicht aber wegen dieser Antwort, die er dem
Domitius gab. Die Antwort brachte die Lacher auf
seine Seite, so daß die Sache in einen Witz aufgelöst

war. Mir aber geht die Sache nahe, die Sache, welche dieselbe geblieben wäre, auch wenn Domitius um seine Frauen blutige Tränen des aufrichtigsten Schmerzes geweint hätte. Dann stünde ihm noch immer Crassus gegenüber, mit seinen Tränen um seine Muräne. Und über diese Figur, deren Lächerlichkeit und Verächtlichkeit mitten in einem die erhabensten Dinge beratenden, weltbeherrschenden Senat so ganz ins Auge springt, über diese Figur zwingt mich ein unnennbares Etwas in einer Weise zu denken, die mir vollkommen töricht erscheint, im Augenblick, wo ich versuche sie in Worten auszudrücken.

Das Bild dieses Crassus ist zuweilen nachts in meinem Hirn, wie ein Splitter, um den herum alles schwärt, pulst und kocht. Es ist mir dann, als geriete ich selber in Gärung, würfe Blasen auf, wallte und funkelte. Und das Ganze ist eine Art fieberisches Denken, aber Denken in einem Material, das unmittelbarer, flüssiger, glühender ist als Worte. Es sind gleichfalls Wirbel, aber solche, die nicht wie die Wirbel der Sprache ins Bodenlose zu führen scheinen, sondern irgendwie in mich selber und in den tiefsten Schoß des Friedens.

Ich habe Sie, mein verehrter Freund, mit dieser ausgebreiteten Schilderung eines unerklärlichen Zustandes, der gewöhnlich in mir verschlossen bleibt, über Gebühr belästigt.

Sie waren so gütig, Ihre Unzufriedenheit darüber zu äußern, daß kein von mir verfaßtes Buch mehr zu Ihnen kommt, »Sie für das Entbehren meines Umganges zu entschädigen«. Ich fühlte in diesem Augenblick mit einer Bestimmtheit, die nicht ganz ohne ein schmerzliches Beigefühl war, daß ich auch im kommenden und im folgenden und in allen Jahren dieses meines Lebens kein englisches und kein lateinisches Buch schreiben werde: und dies aus dem einen Grunde, dessen mir peinliche Seltsamkeit mit ungeblendetem Blick dem vor Ihnen harmonisch ausgebreiteten Reiche der geistigen und leiblichen Erscheinungen an seiner Stelle einzuordnen ich Ihrer unendlichen geistigen Überlegenheit überlasse: nämlich weil die Sprache, in welcher nicht nur zu schreiben, sondern auch zu denken mir vielleicht gegeben wäre, weder die lateinische noch die englische noch die italienische und spanische ist, sondern eine Sprache, von deren Worten mir auch nicht eines bekannt ist, eine Sprache, in welcher die stummen Dinge zu mir sprechen, und in welcher ich vielleicht einst im Grabe vor einem unbekannten Richter mich verantworten werde.

Ich wollte, es wäre mir gegeben, in die letzten Worte dieses voraussichtlich letzten Briefes, den ich an Francis Bacon schreibe, alle die Liebe und Dankbarkeit, alle die ungemessene Bewunderung zusammenzupressen, die ich für den größten Wohltäter meines Geistes, für den ersten Engländer meiner Zeit im Herzen hege und darin hegen werde, bis der Tod es bersten macht.

A. D. 1603, diesen 22. August.   Phi. Chandos

SCHILLER

[I]

Das Große feiert sich selber. Wenn man es nennt, so ist es, als nennt man den Namen erhabener Berge und gewaltiger, über dem Meer getürmter Städte vor denen, die dort waren, und eines mehreren bedarf es nicht. König Philipp und der Großinquisitor. Das Hinausgehen Maria Stuarts zum Tode, an Leicesters Arm. Die Reden der Bauern, die sich gegen Habsburg verschwören, auf der Höhe ihrer Berge, über den Ländern, über dem Qualm der Städte. Franz Moors Verzweiflung. Der Präsident im Hause des Musikus. Wallensteins Schlafengehen. Demetrius vor dem Reichstag. Groß. Wie das Herankommen und Zerschäumen einer großen Woge. Und alles, was vorher kommt, vor diesen ganz großen Momenten, von gleicher Art: wie starke Wellenschwünge. Das Nie-Auslassen einer sehr großen Kraft, ein ungeheures, rastloses Vorwärtsgehen, wie das Meer gegen den Strand. Und die gleichen Wellenschwünge überall: auch in jenen frühesten Gedichten, über die man zu lächeln pflegt, auch dort jenes, das Ehrfurcht gebietet: der arme Militärzögling, öd, dumpf, von Gott und der Welt verlassen, dürftig gehalten wie nicht der Lehrling im Handwerk, nicht der Hirte hinterm Vieh: und ruft in seiner Brust das Weltall herauf, die ewigen Mächte . . . »Acheronta movebo!«

Ein Anwalt und ein Konquistador. Vielleicht war den Deutschen seinerzeit der große Anwalt näher, vielleicht ist den Deutschen dieser Zeit der große erobernde Abenteurer näher. Der Anwalt nahm die Partei der Freiheit vor Königsthronen, die Partei eines Königs vor dem Thron der Freiheit. Es klingt wie herausgerissen aus dem Leben eines gefährlichen Sophisten: er aber durfte es tun, denn er war ein Mann. Der Abenteurer – ich nehme das Wort in seinem großen Sinn, und er war der größte, den die Geschichte des Geistes kennt – durchstürmte die Weltanschauungen und richtete sich in ihnen ein, wie in unterjochten Provinzen. Die Welt Kants, die Welt der Alten, die Welt des Katholizismus: er wohnte in jeder von ihnen, wie Napoleon in jeder Hauptstadt Europas residiert hat: fremd und doch gebietend. Seine Heimat war immer woanders, sein Dasein Fortschreiten. Wenn man in ihm ist, ist man im Freien: im gewaltigen Feld, wo geistige Ströme sich kreuzen. Mit Goethe ist man zuweilen im Herzen der Dinge. Goethe und er stehen zueinander wie der Gärtner und der Schiffer. Aber in großen Nächten reckte der stille Gärtner seine Hand zu den Sternen empor und war mit ihnen vertraut wie mit den Blumen seines Gartens, und der Schiffer hatte nichts als sein mutvolles Herz und sein Schiff, mit dem die Winde spielten.

Der Bildner der Jugend. Ich weiß nicht. Es wäre denkbar, daß Männer – Männer von anderem Stoff als die Ankläger des Sokrates – ihn in ihrem Herzen den Verführer der Jugend nennten. Es heißt ein altes Wort: Que philosopher c'est apprendre à mourir. Nun, Max Piccolomini, der des Kaisers bestes Regiment in den

Tod hineinreitet, weil er an der Welt irre geworden ist, er ist kein Lehrer dafür, wie man zu sterben hat. Mercutio ist schon ein besserer, Brutus noch ein besserer. (Es geht eine Linie von diesem Sterben des Mercutio zu dem, wie Gordon in Khartum starb.) Max ist auch kein Lehrer dafür, wie man zu leben hat. Und auch Mortimer nicht, auch Karl Moor nicht, auch Wallenstein nicht, wahrhaftig. Da ist Götz schon ein besserer (auch er lehnt sich auf) und der schlichte Franz Lerse und Georg, der Reiterjunge. Auch Friedrich Prinz von Homburg, trotz allem. Und Julia Capulet und unsere Hero, und Gretchen und das Käthchen von Heilbronn bessere als jene Verwirrerinnen der Gefühle: Thekla, Johanna, Berta. Und dennoch: aber man muß die Unreife haben, die Gestalten noch nicht zu sehen, nur ihren Schwung zu fühlen, oder man muß die Reife haben, die Gestalten nicht mehr zu sehen, nur das, was hinter ihnen ist, dann fühlt man ein Etwas, dem sich junge Herzen geben müssen wie die Segel dem Wind (dem Morgenwind, der sie hinaustreibt ins offene Meer und von keinem Ziel noch weiß): unbedingte Größe. Sich groß zu fassen wissen, und wäre es auf dem Schafott, wäre es im Augenblick, da man so unüberlegt und unmoralisch als möglich handelt, dies ist etwas, dies ist viel, unendlich viel. Wissen, daß man ein großer Herr ist, weil man ein Mensch ist, nichts als das, dies lehrt doch vielleicht zu leben und zu sterben. Nicht die Gestalten also, aber etwas, das in ihnen ist: mehr ihre Allüren als ihre Handlungen, die nicht immer ganz aus ihnen fließen, mehr ihr Ton als ihre Argumente. Das Fürstliche, das ihnen aufgeprägt ist und sie zu Brüdern und Schwestern macht: Könige auf ihrer Scholle diese

freien Bauern, ein Heeresfürst dieser Wallenstein, ein
Fürst der Ruchlosen Franz Moor, Maria eine Königin
der Tränen, fürstlich auch das Hirtenmädchen, alle von
königlichem Blut. Also dennoch ein Bildner des
menschlichen Fühlens, nicht wie jene, die eine Welt gaben, Homer, Shakespeare, Michelangelo, Rembrandt,
auch nicht wie jener, der eine Welt und sich in uns ver-
knüpfte, Goethe, sondern indem er sich selbst hergab,
nicht in den Gestalten, sondern durch die Gestalten
hindurch, hinter den Gestalten: »Das Leben selber
wendend an dieses Bild des Lebens.« Ein Bildner der
Jugend also dennoch, ein athenischer, kein sparta-
nischer: der große Schüler des Rousseau und des Euripides.
Der große Schüler des Rousseau und des Euripides,
nicht geringer als einer von ihnen. Ein Geist, der in
großer Weise sich Resultate aneignete. Der die Sittlich-
keit Kants, die Hingerissenheit und Fülle des Katholizismus, die Gebundenheit der Antike in sein Bauwerk
hineinnahm, wie die normännischen Seekönige ihre
Burgen aus antikem und sarazenischem Getrümmer
aufrichteten. Der mit seinem Adlerblick nirgends
Schranken sah, nicht der Zeiten, nicht der Länder. Niemand hatte weniger Ehrfurcht als er vor diesen wesen-
losen Grenzen, über die unsere Seele kaum hinzu-
fliegen wagt. Als der Tod ihn umwarf, lagen da die
Entwürfe zu zehn Stücken: in einem war Rußland aufgebaut – uns das unzugänglichste, wesenhafteste aller
Länder, von betäubendem Duft der Eigenart erfüllt,
gleich jenem verschlossenen Garten des Hohenliedes –,
in einem lebte der Malteserorden, eines war ein Gemälde des unterirdischen Paris, gezogen aus dem Pita-

val, ein Gewebe aus Verbrechen, Familie, Polizei, ein antizipierter Balzac. Er meinte zu verstehen, was immer in einer Menschenbrust vorgegangen war. Und so meinte er, verstanden zu werden. Er, den alles Gewordene faszinierte. Er, von dem Goethe – und Goethe kannte ihn etwas – sagte: »Es ist ein Glück, daß Calderon erst nach seinem Tod in allgemeine Aufnahme gekommen ist. Ihm wäre er gefährlich geworden.« Ihn nennt jetzt da und dort eine Stimme »den deutschesten der Dichter«. Da und dort wird den Nationen mitgeteilt, daß er ihnen ein Fremder ist und sie ihm ewig Fremde. Er, der aus dem Herzen ihrer Geschichte seine Stoffe nahm: das Mädchen von Orléans, Maria Stuart, Demetrius. Er, der diese Schranken so verachtete, daß er eines fremden Volkes König vor eines fremden Volkes Tribunal verteidigen wollte. Er, der einzige esprit envahisseur, den die Deutschen geboren haben, und von dessen Tiraden die Seele der unterdrückten Italiener lebte, der Ungarn, der Polen, er, den sie alle verstanden, Puschkin, Mickiewicz, Petöfi, Carlyle, er, der dem Heraufdröhnen von Napoleons Heeren so viel verdankt wie Balzac ihrem Hinabdröhnen, er, durch dessen Schaffen eine schnurgerade Linie geht von Corneille zu Victor Hugo, zu Sardou und zu Scribe (jawohl, zu Scribe), ihn gerade absperren? Gerade ihn mit Schranken umgeben? Ich weiß nicht, was ich aus solcher Politik machen soll. Jedenfalls ist es Politik des Augenblicks.

Alles in allem sind wir das einzige Volk in Europa, das ein Theater hat. Nichts, was sich mit dem der Griechen vergleichen ließe – wer ist so wenig bei Sinnen, dies anzunehmen –, auch nichts von der Lebendigkeit, der

Echtheit, der Wirklichkeit des Elisabethinischen Theaters, immerhin aber etwas, das nicht ganz ohne große Linie ist, von einer gewissen Distanz gesehen. Von einer gewissen Distanz gesehen, war für Dezennien das deutsche Theater erfüllt von dem Werk Schillers. Und dann, nach einer Ohnmacht, die nicht der Tod war, sondern innere Umbildung, war es für Dezennien (die nicht vorüber sind) erfüllt von dem Werk Wagners. Man muß diese Dinge so sehen, daß sie ihre Größe zeigen und nicht ihre Niedrigkeit: sonst müßte man ersticken. Und in Größe gesehen, haben die Deutschen dort, wo jahrzehntelang Karl Moors Trotz und Maria Stuarts große Fassung ihre Wahrheit – oder die Wahrheit ihrer Seele – war, nun eine andere Wahrheit ihrer Seele: Siegfried, der sich aus den Stücken von seines Vaters Schwert singend Schwert und Schicksal schmiedet. Haben statt jenes Dranges diese Töne, statt jenes Greifens nach den Sternen dieses Wühlen in den Tiefen. Haben für Großes Größeres: denn zwischen beiden Welten liegt großes Geheimnis, liegt Schopenhauer, liegt ein Hereinlassen des Todes in die Welt, ein Nacktwerden und Großwerden der Seele, liegt jene Trunkenheit, um derentwillen die Romantiker ihr Selbst und ihre Kunst wie Perlen im Wein des Lebens zergehen ließen. Abseits aber – ich vergesse ihn nicht – steht Friedrich Hebbel. Steht und dauert, von tiefer Einsamkeit umflossen, wie eine Felseninsel, deren innerer Kern ein glühender Fruchtgarten ist: hier spricht die Blume und es spricht das Gestein, ja, der tiefste Schmerz trägt hier Früchte wie ein großer, in Nacht wurzelnder Baum. Hier landen nicht die Vielen der Deutschen, aber die Besten erreichen schwimmend

diesen Strand, von Geschlecht zu Geschlecht, und es
pflücken doch immer Hände diese Früchte, deren Saft
die Pulse stocken und fliegen macht, und sehen doch
immer Augen diese Blumen, über deren Schönheit und
Seltenheit manchmal die Sinne erstarren.

[II]

Kein Deutscher ist wie er so ganz Bewegung. Sein Ad-
jektiv ist wie in der Hast des Laufes errafft, sein Haupt-
wort ist der schärfste Umriß des Dinges, von oben her
im Fluge gesehen, alle Gewalt seiner Seele ist beim
Verbum. Sein Rhythmus ist andringend, fortreißend,
weiterstrebend, sein Entwurf kühn und groß wie sein
Rhythmus, und der Aufbau harmonisch über dem
Entwurf wie ein Haus über dem Grundriß. Seine Gedanken jagt er zu einem Ziel, seine Betrachtung zu einem Äußersten, Höchsten, seine Gestalten zu einem
großen Entschluß, einem großen Abenteuer oder einem großen Untergang. Sein Leben und sein Tod
gleicht dem des Fackelläufers, der in sich verzehrt aber
mit brennendem Licht ans Ziel kam, sterbend hin-
stürzte und so stürzend, so sterbend ein ewiges Sinn-
bild blieb. Etwas treibt die Deutschen immer wieder zu
ihm zurück: und nun da sie Schiffe bauen, tun sie vielleicht zum erstenmal etwas, das ihn wirklich feiert;
denn seine Werke gleichen am meisten von allen Dingen der Erde den großen Schiffen, deren Wucht Schönheit, und deren Dasein Bewegung ist, die immer ihr
Ziel wissen, nie ins Ungewisse schweifen, Länder an
Länder binden und vorwärtsstrebend den Rand der
Erde adeln.

BALZAC

Man kennt diesen großen Autor nicht, wenn man von ihm nur dies oder jenes kennt. Es gibt nicht den einzelnen Band, der die Essenz seines dichterischen Daseins enthielte, wie ›Faust‹ oder die ›Gedichte‹ die Essenz von Goethes Dasein in sich fassen. Balzac will im breiten gelesen sein, und es bedarf keiner Kunst, ihn zu lesen. Es ist die selbstverständlichste Lektüre für Weltleute, das Wort in seinem weitesten Sinn genommen, vom Advokatenschreiber oder Kaufmannslehrling bis hinauf zum großen Herrn. Eher bedürfte es für Weltleute (ich rede von Männern aller Stände, von Politikern, Soldaten, von Geschäftsreisenden, von vornehmen und einfachen Frauen, von Geistlichen, von allen Menschen, die keine Literaten und keine Schöngeister sind, und von allen denen, die nicht aus Bildungsbedürfnis, sondern zur Belustigung ihrer Einbildungskraft lesen) von Fall zu Fall einer kleinen Anspannung, eines gewissen Übergangs, um Goethe zu lesen. Es ist mehr als wahrscheinlich, daß sich ihnen Goethe in den beschwerten und den verworrenen Momenten ihrer Existenz versagt; Balzac wird sich immer mit ihnen einlassen. Nicht im literarischen Sinne meine ich dies; denn bei Goethe wird der erste Vers, den sie aufschlagen, immer etwas Wundervolles sein, ein Geisterklang, ein Zauberspruch, und bei Balzac werden sie leicht auf drei oder vier langweilige, ermüdende Seiten

stoßen, nicht bloß im Anfang einer Geschichte, sondern möglicherweise wo immer sie aufschlagen. Aber
schon indem sie diese gleichgiltigen und eher mühsamen Seiten mechanisch durchfliegen, wird etwas auf
sie zu wirken beginnen, dem sich der wirkliche Leser,
der lebendige menschliche Leser, niemals entzieht: eine
große, namenlos substantielle Phantasie, die größte,
substantiellste schöpferische Phantasie, die seit Shakespeare da war. Wo immer sie aufschlagen, bei einer Abschweifung über Wechselrecht und die Praktiken der
Wucherer, bei einem Exkurs über legitimistische oder
liberale Gesellschaft, bei der Schilderung eines Kücheninterieurs, einer ehelichen Szene, eines Gesichtes
oder einer Spelunke, werden sie *Welt* fühlen, Substanz,
die gleiche Substanz, aus der das Um und Auf ihres
Lebens gebildet ist. Sie werden unmittelbar aus ihrem
Leben in diese Bücher hinüberkönnen, ganz unvermittelt, aus ihren Sorgen und Widerwärtigkeiten heraus,
ihren Lieblingsgeschichten und Geldaffären, ihren trivialen Angelegenheiten und Ambitionen. Ich bin dem
Finanzier begegnet, der übergangslos nach seinen Sitzungen und Konferenzen zu seinem Balzac griff, in
welchem er die letzten Notierungen der Börse als Lesezeichen liegen hatte, und der Weltdame, die in ›Les illusions perdues‹ oder ›La vieille fille‹ die einzig mögliche
Lektüre fand, um zu sich selbst zurückzufinden,
abends, nachdem man unter Menschen war oder Menschen bei sich gesehen hat, die einzige Lektüre, die
stark und rein genug ist, um die Phantasie von dem
jähen und so zerrütteten Fieber der Eitelkeit zu heilen,
und alles Gesellschaftliche auf sein Menschliches zu
reduzieren. Diese Funktion, mitten in das Leben des

Menschen hineinzugreifen, das Gleiche mit dem Gleichen zu heilen, die Wirklichkeit mit einer erhöhten dämonischen Wirklichkeit zu besiegen, – ich frage mich,
welcher unter den großen Autoren, mit denen unser
geistiges Leben rechnet, hierin mit Balzac rivalisieren
könnte – es wäre denn Shakespeare. Aber Shakespeare
so zu lesen, wie andere Generationen die Alten gelesen
haben, ich meine, ihn so zu lesen, daß man das Ganze
des Lebens aus ihm herausliest, ihn vom Standpunkt
des Lebens zu lesen und die wahrsten Bedürfnisse seiner Wißbegierde an ihm zu befriedigen, ist nicht jedermanns Sache. Es ist nicht jedermanns Sache, seine Einbildungskraft so anzuspannen, daß sie die Distanz von
drei Jahrhunderten überfliegt, alle Verhüllungen einer
prachtvollen, aber wildfremden Epoche durchdringt
und dahinter nur das ewig wahre Auf und Ab des
menschlichen Tuns und Leidens wahrnimmt. Es ist
nicht jedermanns Sache, ohne die Hilfe des Schauspielers, ohne eine ganz bestimmte Begabung der nach-
schaffenden Einbildungskraft, die genialste Verkürzung und Zusammendrängung, die jemals realisiert
wurde, wieder in eine solche Breite des Weltbildes auf-
zulösen, daß er in ihr sich selber und die vielfach ver-
schlungenen Fäden des Daseins wiederfindet, deren
Durchkreuzung seine Wirklichkeit bedeutet.
Goethe ist in gewissem Sinne leichter zu lesen, und wer
liest ihn nicht? Obwohl er eine seiner tiefen und subti-
len Einsichten aussprach, als er sagte, seine Schriften
seien nicht geschaffen, populär zu werden, und ihr
wahrer Gehalt werde immer nur einzelnen aufgehen,
die ähnliches in sich durchgemacht hätten, so scheinen
dieser einzelnen heute so viele zu sein, daß die Wahrheit

seines Wortes beinahe wieder aufgehoben ist. Aber
wer sich eines seiner Werke aufs neue aneignen, wer
›Hermann und Dorothea‹, den ›Wilhelm Meister‹, die
›Wahlverwandtschaften‹ genießen will, muß sich mit
schon gereinigten Sinnen dem Buche nähern. Er muß
viel von sich, von der Atmosphäre seines Lebens draußen lassen. Er muß die Großstadt vergessen. Er muß
zehntausend Fäden seines augenblicklichen Fühlens,
Denkens und Wollens durchschneiden. Er muß sich
auf seinen »verklärten Leib« besinnen, ich meine: auf
sein Ewiges, sein Rein-Menschliches, sein Unbeding-
tes. Er muß der ewigen Sterne gedenken und sich
durch sie heiligen. Dann freilich ist es beinahe gleich-
giltig, welches von Goethes Werken er aufschlägt:
überall umfängt ihn die gleiche gesteigerte und ver-
klärte Wirklichkeit. Ihn umgibt in Wahrheit eine Welt,
ein Geist, der eine Welt ist. Die Sentenzen und die Gestalten, eine Idee oder die Beschreibung einer Natur-
erscheinung, ein Vers oder Mignon oder Ottilie, alles
ist die gleiche göttliche, strahlende Materie. Hinter
jeder Zeit fühlt er den Bezug auf ein Ganzes, auf eine
erhabene Ordnung. Die ungeheure Ruhe eines ungeheuren Reichtums legt sich beinahe bedrückend auf
seine Seele, um diese Seele dann grenzenlos beglük-
kend emporzuheben. – Aber dieser Arm, der zu den
Sternen heben kann, umschlingt nicht jeden. Auch der
lebendige Goethe gab sich nur wenigen und diesen
nicht zu jeder Stunde. Wer mit unruhiger Hand danach
greift, dem verschließt sich ein Gebilde wie die ›Wahlverwandtschaften‹, wie eine Muschel sich zuklappt.
Solchen erscheint Goethe kühl, fremd, sonderbar. Er
imponiert mehr, als er einnimmt. Sie verschieben es,

ihn zu lesen – auf ruhigere Tage, oder auf eine Reise. Oder er macht, daß sie sich nach ihrer Jugend sehnen, nach einer höheren Empfänglichkeit. Er scheint ihnen künstlich, er, der die Natur selbst war, und kalt, er, dessen Liebesblick noch das starre Urgestein mit Wärme durchdrang. Sie suchen nach einer Vorbereitung, ihn zu genießen. Sie greifen nach einem Erklärer oder nach den wunderbaren Briefen und Gesprächen, in denen er sich selbst kommentiert, und erst auf diesem Umweg kommen sie wieder zu seinen Werken zurück. Nichts ist undenkbarer als ein Leser, der zu den Werken Balzacs auf einem indirekten Wege käme. Die wenigsten seiner zahllosen Leser wissen irgend etwas von seinem Leben. Die Literaten kennen über ihn einige kleine Anekdoten, die niemanden interessieren würden, wenn sie sich nicht auf den Autor der ›Comédie humaine‹ bezögen, und den Briefwechsel mit *einer* Person, welcher fast nichts enthält als Bulletins über seine unaufhörliche, gigantische, mit nichts in der literarischen Welt zu vergleichende Arbeitsleistung. Es ist der stärkste Beweis für die ungeheure Kraft seiner Werke, daß wir diese endlosen Bulletins mit einer ähnlichen Gespanntheit zu lesen vermögen wie einen Feldzugsbericht Napoleons, in dem es sich um Austerlitz, Jena und Wagram handelt. Seine Leser kennen seine Werke und nicht ihn. Sie sagen ›Peau de chagrin‹ und erinnern sich eines wachen Traumes, eines abenteuerlichen Erlebnisses, nicht der Leistung eines Dichters; sie denken an den alten Goriot und seine Töchter und besinnen sich nicht, wie der Verfasser heißt. Sie sind einmal in diese Welt hineingeraten, und neunzig auf hundert von ihnen werden immer wieder zu ihr zurückkehren, nach fünf, nach zehn, nach zwanzig Jahren. Walter Scott, den einmal die reifen Menschen mit Entzücken lasen, ist die Lektüre der Knaben geworden. Balzac wird immer (oder sehr lange, denn wer darf von »immer« sprechen) die Lektüre aller Lebensstufen bleiben, und der Männer ebensowohl wie der Frauen. Die Kriegsgeschichten und Abenteuer, die ›Chouans‹, ›L'Auberge rouge‹, ›El Verdugo‹, sind für die Phantasie eines Sechzehnjährigen die Ablösung der Indianergeschichten und des Kapitän Cook; die Erlebnisse der Rubempré und Rastignac sind die Lektüre des jungen Mannes: ›Les Lys dans la vallée‹, ›Savarus‹, ›Modeste Mignon‹ der jungen Frau; Männer und Frauen, die um die vierzig sind, die Reifen und noch nicht Verarmten, werden an das Reifste sich halten: an ›Cousine Bette‹, das grandiose Buch, das ich nicht finster nennen kann, obwohl es fast nur Häßliches, Trauriges und Schreckliches enthält, da es von Feuer, Leben und Weisheit glüht – an ›La vieille fille‹, das eine über jedes Lob erhabene Plastik der Gestalten mit der profundesten Lebensweisheit vereinigt und dabei klein, rund, behaglich, heiter ist, in jedem Betracht ein unvergleichliches Buch, ein Buch, das stark genug wäre, für sich allein den Ruhm seines Autors durch die Generationen zu tragen. Ich habe einen alten Herrn die ›Contes drôlatiques‹ preisen hören und habe einen andern alten Herrn mit Rührung von der Geschichte des César Birotteau sprechen hören, diesem stetigen Aufstieg eines braven Mannes, von Jahr zu Jahr, von Bilanz zu Bilanz, von Ehre zu Ehre. Und wenn es Menschen gegeben hat, die aus dem ›Wilhelm Meister‹ die ›Bekenntnisse der schönen Seele‹ herausschnitten und das übrige verbrannten,

so hat es sicher auch den Menschen gegeben, der aus
der ›Comédie humaine‹ ›Séraphitus-Séraphita‹ heraus-
schnitt und sich daraus ein Erbauungsbuch machte,
und vielleicht war ein solcher jener Unbekannte, der
in Wien in einem Konzertsaal auf Balzac zudrängte,
um die Hand zu küssen, die ›Séraphita‹ geschrieben
hatte.

Jeder findet hier so viel vom großen Ganzen des Lebens, als ihm homogen ist. Je reichlicher genährt eine
Erfahrung, je stärker eine Einbildungskraft ist, desto
mehr werden sie sich mit diesen Büchern einlassen.
Hier braucht keiner etwas von sich draußen zu lassen.
Alle seine Emotionen, ungereinigt wie sie sind, kommen hier ins Spiel. Hier findet er seine eigene innere
und äußere Welt, nur gedrängter, seltsamer, von innen
heraus durchleuchtet. Hier sind die Mächte, die ihn
bestimmen, und die Hemmungen, unter denen er erlahmt. Hier sind die seelischen Krankheiten, die Begierden, die halb sinnlosen Aspirationen, die verzeh-
renden Eitelkeiten; hier sind alle Dämonen, die in uns
wühlen. Hier ist vor allem die große Stadt, die wir gewohnt sind, oder die Provinz, in ihrem bestimmten
Verhältnis zur großen Stadt. Hier ist das Geld, die ungeheure Gewalt des Geldes, die Philosophie des Geldes, in Gestalten umgesetzt, der Mythos des Geldes.
Hier sind die sozialen Schichtungen, die politischen
Gruppierungen, die mehr oder weniger noch die unseren sind, hier ist das Fieber des Emporkommens, das
Fieber des Gelderwerbs, die Faszination der Arbeit, die
einsamen Mysterien des Künstlers, des Erfinders, alles,
bis herab zu den Erbärmlichkeiten des kleinbürger-
lichen Lebens, zur kleinen Geldmisere, zum mühsam

und oft geputzten Handschuh, zum Dienstboten-
klatsch.

Die äußere Wahrheit dieser Dinge ist so groß, daß sie
sozusagen getrennt von ihrem Objekt sich zu erhalten
und wie eine Atmosphäre zu wandern vermochte; das
Paris von Louis Philippe ist weggeschwunden, aber
gewisse Konstellationen, der Salon in der Provinz, in
dem Rubempré seine ersten Schritte in die Welt tut,
oder der Salon der Madame de Bargeton in Paris, sind
heute von einer verblüffenden Wahrheit für Öster-
reich, dessen sozialer und politischer Zustand vielleicht
dem des Julikönigtums sehr ähnlich ist; und gewisse
Züge aus dem Leben von Rastignac und de Marsay
sind vielleicht heute für England wahrer als für Frankreich. Aber der Firnis dieser für uns greifbaren, aufre-
genden »Wahrheit«, – diese ganze erste große Glorie
des Modernen um dieses Werk wird vergehen: jedoch
die innere Wahrheit dieser aus der Phantasie hervorge-
schleuderten Welt (die sich nur einen Augenblick lang
in tausend nebensächlichen Punkten mit der epheme-
ren Wirklichkeit berührte) ist heute stärker und lebendiger als je. Diese Welt, die kompletteste und vielglied-
rigste Halluzination, die je da war, ist wie geladen mit
Wahrheit. Ihre Körperhaftigkeit löst sich dem nach-
denklichen Blick in ein Nebeneinander von unzähligen
Kraftzentren auf, von Monaden, deren Wesen die in-
tensivste, substantiellste Wahrheit ist. Im Auf und Ab
dieser Lebensläufe, dieser Liebesgeschichten, Geld-
und Machtintrigen, ländlichen und kleinstädtischen
Begebenheiten, Anekdoten, Monographien einer Leidenschaft, einer seelischen Krankheit oder einer sozialen Institution, im Gewirr von beinahe dreitausend

menschlichen Existenzen, wird ungefähr alles berührt, was in unserem bis zur Verworrenheit komplizierten Kulturleben überhaupt einen Platz einnimmt. Und fast alles, was über diese Myriaden von Dingen, Beziehungen, Phänomenen gesagt ist, strotzt von Wahrheit. Ich weiß nicht, ob man es schon unternommen hat (aber man könnte es jeden Tag unternehmen), ein Lexikon zusammenzustellen, dessen ganzer Inhalt aus Balzac geschöpft wäre. Es würde fast alle materiellen und alle geistigen Realitäten unseres Daseins enthalten. Es würden darin Küchenrezepte ebensowenig fehlen wie chemische Theorien; die Details über das Geld- und Warengeschäft, die präzisesten, brauchbarsten Details würden Spalten füllen; man würde über Handel und Verkehr vieles erfahren, was veraltet, und mehreres, was ewig wahr und höchst sachgemäß ist, und daneben wären unter beliebige Schlagworte die kühnsten Ahnungen und Antizipationen von naturwissenschaftlichen Feststellungen späterer Jahrzehnte aufzunehmen; die Artikel, die unter dem Schlagwort »Ehe« oder »Gesellschaft« oder »Politik« zusammenzufassen wären, wären jeder ein Buch für sich und jeder ein Buch, das unter den Publikationen der Weltweisheit des neunzehnten Jahrhunderts seinesgleichen nicht hätte. Das Buch, welches den Artikel »Liebe« enthielte und in einem kühn gespannten Bogen von den unheimlichsten, undurchsichtigsten Mysterien (›Une passion dans le désert‹) durch ein strotzendes Chaos aller Menschlichkeiten zur seelenhaftesten Engelsliebe sich hinüberschwänge, würde das eine berühmte Buch gleichen Namens, das wir besitzen und das von der Hand eines Meisters ist, durch die Größe seiner Konzeption, durch den Umfang seiner Skala in den Schatten stellen. Aber schließlich existiert dieses Lexikon. Es ist in eine Welt von Gestalten, in ein Labyrinth von Begebenheiten versponnen, und man blättert darin, indem man dem Faden einer prachtvoll erfundenen Erzählung folgt. Der Weltmann wird in diesen Bänden die ganze Reihe der so scheinhaften und doch so wirklichen Situationen abgewandelt sehen, aus denen das Soziale besteht. Die tausend Nuancen, wie Männer und Frauen einen anderen gut und schlecht behandeln können; die unmerklichen Übergänge; die unerbittlichen Abstufungen, die ganze Skala des wahrhaft Vornehmen, zum Halbvornehmen, zum Gemeinen: dies alles abgewandelt und in der wundervollsten Weise vom Menschlichen, vom Leidenschaftlichen durchbrochen und für Augenblicke auf sein Nichts reduziert. Der Mensch des Erwerbs (und wer hat nicht zu erwerben oder zu erhalten oder zu entbehren?) hat seine ganze Welt da: alles in allem. Den großen Börsenmann, den verdienenden Arzt, den hungernden und den triumphierenden Erfinder, den großen und kleinen Faiseur, den emporkommenden Geschäftsmann, den Heereslieferanten, den Geschäfte vermittelnden Notar, den Wucherer, den Strohmann, den Pfandleiher, und von jedem nicht einen, sondern fünf, zehn Typen, und was für Typen! und mit allen ihren Handwerksgriffen, ihren Geheimnissen, ihrer letzten Wahrheit. Die Maler halten unter sich die Legende aufrecht, daß von Delacroix herrühren müsse, was im ›Chef-d'œuvre inconnu‹ an letzten Intimitäten über die Modellierung durch das Licht und den Schatten gesagt ist; diese Wahrheiten sind ihnen zu substantiell, als daß jemand sie gefunden haben dürfte, der

nicht Maler, und ein großer Maler, gewesen wäre. Der
Denker, dem man ›Louis Lambert‹ in die Hand gegeben hat, als die Monographie über einen Denker, mag
den biographischen Teil schwach finden und an der
Realität der Figur zweifeln: aber sobald er zu dem in
Briefen und Notizen übermittelten Gedankenmaterial
kommt, so wird die Konsistenz dieser Gedanken, die
substantielle Kraft dieses Denkers so überzeugend, daß
jeder Zweifel an der Figur weggeblasen ist. Dies sind
Gedanken eines Wesens, dies Hirn hat funktioniert –
man mag im übrigen die Gedanken, diese Philosophie
eines spiritualistischen Träumers ablehnen oder nicht.
Und der verheiratete Mann, dem in einer nachdenk-
lichen Stunde die ›Physiologie der Ehe‹ in die Hand
fällt, wird in diesem sonderbaren und vielleicht durch
einen gewissen halbfrivolen Ton unter den Werken
Balzacs ein wenig deklassierten Buch auf einige Seiten
stoßen, deren Wahrheiten so zart als tief und beherzi-
genswert sind, wahrhafte Wahrheiten, Wahrheiten, die
sich, wenn man sie in sich aufnimmt, gewissermaßen
ausdehnen und mit einer sanften, strahlenden Kraft
im Innern fortwirken. Allen diesen Wahrheiten haftet
nichts Esoterisches an. Sie sind in einem weltlichen,
manchmal in einem fast leichtfertigen Ton vorgetra-
gen. Verflochten unter Begebenheiten und Schilderun-
gen, bilden sie die geistigen Elemente im Körper einer
Erzählung, eines Romans. Sie sind uns entgegenge-
bracht, wie das Leben selbst uns seinen Gehalt ent-
gegenbringt: in Begegnungen, in Katastrophen, in
den Entfaltungen der Leidenschaften, in plötzlichen
Aussichten und Einsichten, blitzhaft sich auftuenden
Durchschlägen durch den dichten Wald der Erschei-

nungen. Hier ist zugleich die leidenschaftlichste und vollständigste Malerei des Lebens und eine höchst überraschende, scharfsinnige Philosophie, die bereit ist, jedes noch so niedrig scheinende Phänomen des Lebens zu ihrem Ausgangspunkt zu machen. So ist durch das ganze große Werk, dessen Weltbild ebenso finster ist als das Shakespeares, und dabei um so viel wuchtender, trüber, schwerer durch seine eigene Masse, dennoch eine geistige Lebendigkeit ergossen, ja eine geistige Heiterkeit, ein tiefes Behagen; wie wäre es anders zu nennen, was uns, wenn einer dieser Bände uns in die Hand gerät, immer wieder nach vorwärts, nach rückwärts blättern macht, nicht lesen, sondern blättern, worin eine subtilere, erinnerungsvolle Liebe liegt – und was uns die bloße Aufzählung der Titel dieser hundert Bücher oder das Register der Figuren, die in ihnen auftreten, gelegentlich zu einer Art von summarischer Lektüre macht, deren Genuß komplex und heftig ist, wie der eines geliebten Gedichtes?

Die Anhäufung einer so ungeheuren Masse von substantieller Wahrheit ist nicht möglich ohne Organisation. Die anordnende Kraft ist ebensosehr schöpferische Kraft als die rein hervorbringende. Vielmehr sind sie nur verschiedene Aspekte einer und derselben Kraft. Aus der Wahrheit der Myriaden einzelner Phänomene ergibt sich die Wahrheit der Verhältnisse zwischen ihnen: so ergibt sich eine Welt. Wie bei Goethe fühle ich mich hier in sicherem Bezug zum Gesamten. Ein unsichtbares Koordinatensystem ist da, an dem ich mich orientieren kann. Was immer ich lese, einen der großen Romane, eine der Novellen, eine der phantastisch-philosophischen Rhapsodien, und ob ich mich

in die Geheimnisse einer Seele vertiefe, in eine politi-
sche Abschweifung, in die Beschreibung einer Kanzlei
oder eines Kramladens, niemals falle ich aus diesem
Bezug heraus. Ich fühle: um mich ist eine organisierte
Welt. Es ist das große Geheimnis, daß diese lückenlos
mich umschließende Welt, diese zweite, gedrängtere,
eindringlichere Wirklichkeit nicht als eine erdrückende
Last wirkt, als ein Alp, atemraubend. Sie wirkt nicht
so: sie macht uns nicht stocken und starren, sondern ihr
Anblick gießt Feuer in unsere Adern. Denn sie selber
stockt nicht, sondern sie ist in Bewegung. Infinitis modis, um das Kunstwort mittelalterlicher Denker zu
brauchen, ist sie in Bewegung. Die Welt ist in dieser
vollständigsten Vision, die seit Dante in einem Men-
schenhirn entstand, nicht statisch, sondern dynamisch
erfaßt. Alles ist so deutlich gesehen, daß es eine lückenlose Skala ergibt, das ganze Gewebe des Lebens, von
Faden zu Faden, ab und auf. Aber alles ist in Bewegung
gesehen. Nie wurde die uralte Weisheit des Παντα ῥει
grandioser erfaßt und in Gestalten umgesetzt. Alles ist
Übergang. Hier scheint hinter diesen Büchern, deren
Gesamtheit neben dem ›Don Quixote‹ die größte epi-
sche Konzeption der modernen Welt bildet, die Idee
der epischen Kunstform ihre Augen aufzuschlagen.
Die Menschen zu schildern, die aufblühen und hin-
schwinden wie die Blumen der Erde. Nichts anderes
tat Homer. Dantes Welt ist starr. Diese Dinge gehen
nicht mehr vorüber, aber er selber wandert und geht an
ihnen vorüber. Balzac sehen wir nicht. Aber wir sehen
mit seinen Augen, wie alles übergeht. Die Reichen
werden arm, und die Armen werden reich. César Birotteau geht nach oben und der Baron Hulot nach un-

ten. Rubemprés Seele war wie eine unberührte Frucht, und vor unseren Augen verwandelt sie sich, und wir sehen ihn nach dem Strick greifen und seinem befleckten Leben ein Ende machen. Séraphita windet sich los und entschwebt zum Himmel. Jeder ist nicht, was er war, und wird, was er nicht ist. Hier sind wir so tief im Kern der epischen Weltanschauung, als wir bei Shakespeare im Kern der dramatischen sind. Alles ist fließend, alles ist auf dem Wege. Das Geld ist nur das genial erfaßte Symbol dieser infinitis modis vor sich gehenden Bewegung und zugleich ihr Vehikel. Durch das Geld kommt alles zu allem. Und es ist das Wesen der Welt, in dieser grandiosen und epischen Weise gesehen, daß alles zu allem kommt. Es sind überall Übergänge, und nichts als Übergänge, in der sittlichen Welt so gut wie in der sozialen. Die Übergänge zwischen Tugend und Laster – zwei mythische Begriffe, die niemand recht zu fassen weiß – sind ebenso fein abgestuft und ebenso kontinuierlich wie die zwischen reich und arm. Es stecken in den auseinanderliegendsten und widerstreitendsten Dingen gewisse geheime Verwandtschaften, wodurch alles mit allem zusammenhängt. Zwischen einem Concierge in seiner Souterrainwohnung und Napoleon in St. Cloud kann für einen Moment eine geheime Affinität aufblitzen, die unendlich viel mehr als ein bloßer Witz ist. In der Welt wirkt schlechtweg alles auf alles: wie sollte dies nicht durch die geheimnisvollsten Analogien bedingt sein? Alles fließt; nirgends hält sich ein starrer Block, weder im Geistigen, noch im äußeren Dasein. »Liebe« und »Haß« scheinen getrennt genug, und fest genug umschrieben: und ich kenne diese und jene Figur bei Bal-

zac, in deren Brust das eine dieser Gefühle in das andere
übergeht mit einer Allmählichkeit, wie die Farben des
glühenden Eisens. Haßt Philomène den Albert Savarus
oder liebt sie ihn? Am Anfang hat sie ihn geliebt, am
Ende scheint sie ihn zu hassen; sie handelt unter einer
Besessenheit, die vielleicht Haß und Liebe zugleich ist,
und vermöchte man sie zu fragen, sie könnte keine
Auskunft geben, welches von beiden Gefühlen sie
martert. Hier sind wir durch einen Abgrund getrennt
von der Welt des achtzehnten Jahrhunderts mit ihren
Begriffen, wie »Tugend«, die fest, rund und dogma-
tisch sind, wohl geeignet, feste und theologische Begriffe zu ersetzen. Hier ist jede Mythologie, selbst die
der Worte, aufgelöst. Und nirgends sind wir Goethe
näher. Hier, ganz nahe, ja im gleichen Bette, rauscht
der tiefe Strom seiner Anschauung. Aber es war die
Grundgebärde seines geistigen Daseins, sich hier nach
der entgegengesetzten Seite zu wenden. Die fließenden
Kräfte seiner Natur waren so gewaltig, daß sie ihn zu
überwältigen drohten. Er mußte ihnen das Beharrende
entgegensetzen, die Natur, die Gesetze, die Ideen. Auf
das Dauernde im Wechsel heftete er den Blick der
Seele. So sehen wir sein Gesicht, so hat sich die Maske
des betrachtenden Magiers geformt. Balzacs Gesicht
sehen wir nicht als eine olympische Maske, über seinen
Werken thronend. Nur in seinen Werken glauben wir
es manchmal auftauchen zu sehen, visionär, hervorge-
stoßen von chaotischen Dunkelheiten, wirbelnden
Massen. Aber wir vermögen nicht, es festzuhalten.
Jede Generation wird es anders sehen, eine jede wird es
als ein titanisches Gesicht sehen und wird auf ihre
Weise daraus ein Symbol unaussprechlicher innerer

Vorgänge machen. Wir wundern uns, daß wir es nicht von der Hand dessen besitzen, der das ›Gemetzel auf Chios‹ und die ›Barke des Dante‹ schuf. Er hätte den dreißigjährigen Balzac als den Titanen gemalt, der er war, als einen Dämon des Lebens, oder sein Gesicht als ein Schlachtfeld behandelt. Es ist eine überraschende Lücke, daß uns die Maske des Fünfzigjährigen dann nicht von Daumier überliefert ist. Sein wunderbarer Stift und sein gleich wunderbarer Pinsel hätten das grandios Faunische des Mannes aus dem Dunkel springen lassen und es mit der wilden Einsamkeit des Genies geadelt. Aber vielleicht waren ihm diese Generationen zu nahe, und es bedurfte der Distanz, die wir zu ihm haben, damit etwas wie das Gebilde Rodins entstehen konnte, dieses völlig symbolgewordene, übermenschliche Gesicht, in welchem eine furchtbare Wucht der Materie sich mit einem namenlosen Etwas paart, einer dumpfen, schweren Dämonie, die nicht von dieser Welt ist, ein Gesicht, in dem die Synthese ganz verschiedener Welten vollzogen ist: das immerhin an einen gefallenen Engel erinnert und zugleich an die maßlose dumpfe Traurigkeit uralt griechischer Erd- und Meeresdämonen. –

Jede Generation, die in sich selber aus dem Umgang mit dem Werk Balzacs die Vision dieses Gesichtes hervorbringt, wird darin eine ähnliche Synthese vollziehen zwischen der ganzen Lebensschwere in sich und dem geheimsten Drang nach Bewältigung dieser Schwere, nach Erlösung, nach Aufschwung. Das Dazugehören zur dumpfen, wuchtenden Masse des Lebens, die ewig sich selber befruchtet, und zugleich das Darüberhinauswollen, der tiefste Drang des Geistes nach Geist: das ist die Signatur dieses großen tragischen Gesichtes, das nicht wie Goethes Maske über uns hin ins Ewige zu schauen scheint, sondern durch uns hindurch, mitten durch die Schwere des Lebens. Diese ungeheure Welt, aufgebaut aus unserem Leben, dem Leben der Begierden, der Selbstsucht, der Irrtümer, der grotesken, erhabenen und lächerlichen Leidenschaften, diese Welt, in deren Gemenge die Begriffe »Komödie« und »Tragödie« ebenso aufgelöst sind wie »Tugend« und »Laster«, diese Welt ist im Tiefsten ganz Bewegung, ganz Drang, ganz Liebe, ganz Mysterium. Dieser scheinbare Materialist ist ein leidenschaftlicher Ahnender, ein Ekstatiker. Die Essenz seiner Figuren ist Aspiration. Alle Dulderkräfte, Liebeskräfte, Künstleranspannungen, Monomanien, diese Titanenkräfte, die großen Motoren seiner Welt, sind Aspiration: alle zielen sie auf ein Höchstes, Unnennbares. Vautrin, das Genie als Verbrecher, und Stenbock, das Genie als Künstler, Goriot, der Vater, Eugénie Grandet, die Jungfrau, Frenhofer, der Schöpfer, alle sind sie eingestellt auf ein Absolutes, das sich offenbaren wird, wie die vom nächtlichen Sturm umhergeworfenen Schiffe eingestellt sind auf das Dasein des Polarsterns, wenngleich Finsternis ihn verhüllt. In den Tiefen ihres Zynismus, in den Wirbeln ihrer Qualen, in den Abgründen der Entsagung suchen und finden sie Gott, ob sie ihn beim Namen nennen oder nicht.

Alle diese so körperhaften Figuren sind doch nichts als vorübergehende Verkörperungen einer namenlosen Kraft. Durch diese unendlichen Relativitäten bricht ein Absolutes; aus diesen Menschen blicken Engel und Dämonen. Jede Mythologie, selbst die letzte, zäheste,

die der Worte, ist hier aufgelöst: aber eine neue, ge-
heimnisvolle, höchst persönliche ist an die Stelle dieser
anderen getreten. Ihre Konzeption ist großartig und in
einer solchen Weise bestimmt und doch vag, daß Hun-
derttausende sie annehmen und sich aus ihr etwas wie
den Mythos des modernen Lebens machen können.
Alle diese Gestalten, die sich der Phantasie so sehr als
»wirkliche« aufdrängen, erscheinen unter einem gewissen geisterhaften Licht, das von den Gipfeln dieses
Werkes herabfällt, als gute und böse Genien, Wesen, in
denen die irdischen Triebe vorübergehend inkarniert
sind. Aber nichts an dieser Konzeption ist schematisch.
Hier sind keine Dogmen statuiert, sondern Visionen.
Taine, der genau vor einem halben Jahrhundert seinen
großen Essay über Balzac schrieb, legt an diese Intui-
tionen, diese schwebenden Wahrheiten, die alle nur für
einen Augenblick wahr sind und nur an der einen Stelle
wo sie stehen, einen Maßstab, den sie nicht vertragen.
Einem Dichter kann man nichts Einzelnes entwinden.
Alles, was innerhalb einer Welt Wahrheit ist, ja mehr
als Wahrheit – schrankenlose Ahnung –, wird eine
mißgeborene Phantasmagorie, wenn man es aus dem
Zusammenhang herausreißt. Es handelt sich um Formen des Sehens. Der Denker sieht Prinzipien, Abstrak-
tionen, Formeln, wo der Dichter die Gestalt erblickt,
den Menschen, den Dämon.
Immerhin ist hier, auch mit kaltem Blick betrachtet,
die ungeheuerste Synthese vollzogen. Hier begegnet
sich wirklich Novalis der Magier mit den titanischen
Anfängen eines wahren Naturalismus; hier ist die Verbindung zwischen Swedenborg und Goethe oder La-
marck. Hier ist, in gemessenem Sinn, das letzte Wort

des Katholizismus, und zugleich dringt die Ahnung der Entdeckungen Robert Mayers sternenhaft aus dem Nebel. Die Gewalt, die noch mehr als eine Generation unterjochen wird, liegt in der wundervollen Durchdringung dessen, was die Wirklichkeit des Lebens ist, der vraie vérité, bis herab zu den trivialsten Miseren des Lebens, mit Geist. Die Geistigkeit des neunzehnten Jahrhunderts, diese ganze ungeheure synthetische Geistigkeit, ist hier in die Materie des Lebens hineingepreßt wie ein alle Fasern durchdringender glühender Dampf. Wo die Niederschläge dieses Dampfes sich stark und deutlich kristallisieren, wie in dem ›Louis Lambert‹, in der ›Recherche de l'absolu‹, im ›Chef d'œuvre inconnu‹, dort ergeben sich Ketten von Gedanken, Ahnungen, Aphorismen, die sich mit nichts vergleichen lassen als mit den ›Fragmenten‹ des Novalis. Aber diese Kristallisationen, die bei Novalis fast alles sind, was uns in den Händen geblieben ist, sind hier nur ein Nebenprodukt dieser geistig-organischen Vorgänge. Viel bewundernswerter noch ist das Phänomen, welches sich ergibt, wenn die eingepreßte Gewalt dieser Geistigkeit die lebende Materie vorwärtstreibt, wenn Figuren entstehen, deren Getriebenheit uns das Walten des Geistigen mitten im Herzen des Lebens spüren läßt: so ist Claes, der rastlose Sucher des Unbedingten, so ist Louis Lambert, so ist Séraphita. Und so ist, über allem einzelnen, Balzacs Konzeption der Liebe. Seine »Liebe« ist die unvergleichlichste und individuellste Schöpfung. Sie ist ganz Aspiration und zugleich das Medium der geheimnisvollsten Synthese zwischen Geistigem und Sinnlichem. Sie ist ein geheimnisvolles Phänomen, das ich mit Worten nicht auflösen möchte. Sie nimmt keinen meßbar großen Raum ein in diesem wuchtigen Werk. Und dennoch scheint sie mir das, was wärmt und leuchtet, und ich könnte diese schwere Masse, diese dunkle Menschenwelt, ohne sie mir nicht anders als furchtbar denken.

Hier ist eine Welt, wimmelnd von Gestalten. Es ist keine darunter, so gewaltig empfangen, so vollständig in sich selber, daß sie, gelöst von ihrem Hintergrunde, für sich allein zu bestehen vermöchte, in der unvergänglichen Vollständigkeit ihrer Geste, wie Don Quixote, wie der König Lear, wie Odysseus. Die Materie ist brüchiger, die Vision ist nicht von so strahlender Klarheit, daß Gestalten aus ihr hervorgehen könnten, so modelliert im reinsten, stärksten Licht, wie der Homerische Achilles, wie Nausikaa, oder im zartesten Halblicht, wie Mignon und Ottilie. Alles hängt zusammen, alles bedingt sich. Es ist bei ihm so unmöglich, das Einzelne herauszulösen, wie aus einem Gemälde von Rembrandt oder von Delacroix. Hier wie dort liegt das Großartige in einem stupenden Reichtum der Tonwerte, der ab und auf, infinitis modis, wie die Natur selber, eine lückenlose Skala ergibt. Jene Gestalten dort scheinen gelöste schreitende Götter: wie sie entstanden sein mögen, ist undurchdringliches Geheimnis; diese hier sind einzelne Noten einer titanischen Symphonie. Ihre Entstehung scheint uns begreiflicher, wir glauben in unserem Blut die Elemente zu tragen, aus denen ihre finsteren Herzen gebildet sind, und mit der Luft der großen Städte sie einzusaugen. Aber auch hier waltet ein Letztes, Höheres. Wie die Skala von Finsternis zur Helligkeit auf einem Rembrandt nur darin dem irdischen Licht und der irdischen Finsternis gleicht, daß sie lückenlos, überzeugend, absolut richtig ist: aber darüber hinaus ein Namenloses in ihr wirksam ist, das Walten einer großen Seele, die in jenen Visionen selber sich einem höchsten Wesen hingibt, so vibriert hier in den Myriaden kleiner Züge, mit denen eine wimmelnde Welt hingemalt ist, ein kaum zu nennendes Letztes: die Plastik dieser Welt geht bis zum Überschweren, ihre Finsternis bis zum Nihilismus, die Weltlichkeit in der Behandlung bis zum Zynischen: aber die Farben, mit denen dies gemalt ist, sind rein. Mit nicht reinerem Pinsel ist ein Engelschor des Fra Angelico gemalt als die Figuren in ›Cousine Bette‹. Diesen Farben, den eigentlichen Grundelementen des Seelischen, haftet nichts Trübes an, nichts Kränkelndes, nichts Blasphemisches, nichts Niedriges. Sie sind unverweslich, von keinem bösen Hauch zu kränken. Eine absolute Freudigkeit vibriert in ihnen, die unberührt ist von der Finsternis des Themas, wie die göttliche Freudigkeit der Töne in einer Beethovenschen Symphonie in keinem Moment von der Furchtbarkeit des musikalischen Ausdrucks verstört werden kann.

NIJINSKYS
›NACHMITTAG EINES FAUNS‹

Rodin hat über dies belebte Gebilde, dies Stück aufge-
löster Skulptur das Entscheidende und das Bleibende
gesagt, und es bleibt kaum möglich, nach ihm etwas zu
sagen, das nicht überflüssig erschiene. Aber dieser mimische Versuch weicht so sehr von allem ab, was die
»Russen« bisher gebracht haben, verläßt so völlig die
Linie des Prunkvollen, des barbarisch Phantastischen,
des rhythmisch Leidenschaftlichen, auf der wir diese
außerordentlichen Darbietungen sich bewegen zu sehen gewohnt sind, daß er befremden wird. Zu befremden ist das Los und das Vorrecht des Neuen, des Bedeutenden in der Kunst. Man ist gewohnt, in Nijinsky
den geniehaftesten und ebendarum den faßlichsten aller Mimen zu genießen. Hier aber handelt es sich nicht
mehr um den Tänzer, den Mimen, den Interpreten,
sondern um den Urheber eines Ganzen, um eine Funktion dieses außerordentlichen Menschen, für die nur
der Name fehlt: ein Etwas zwischen dem Regisseur,
dem Darsteller und dem Erfinder, alle diese drei Funk-
tionen in eins zusammenfassend: es handelt sich um
Nijinsky als Autor des choreographischen Gedichtes,
und vielleicht ist Nijinsky eher den *schweren* als den
leichten Autoren zuzuzählen.
Ich entsinne mich hier einer Stelle aus dem Aufsatz zu
Ehren Hauptmanns, mit welchem Moritz Heimann
eines der letzten Hefte der ›Neuen Rundschau‹

schmückte; darin war gesagt, ein Werk wie ›Fuhrmann Henschel‹ (das jeder Mensch zu verstehen meint) sei im Grunde ebenso schwer zu verstehen wie ›Pippa‹. Dieser Satz, ausgesprochen von einer so stillen und großen Autorität, scheint mir auch die vorliegende Materie zu erleuchten. Ein Kunstwerk kann auf den ersten Blick schwer faßlich erscheinen, und es kann auch einem wirklichen durchdringenden Verstehen einen gewissen Widerstand entgegensetzen, nicht durch allegorische Geheimnisse oder sonstige Dunkelheiten, sondern durch die *Dichtigkeit des Gewebes*, welche eben seine hohe Qualität ausmacht; dies scheint mir hier wie dort, bei dieser winzigen Szene wie bei jenem Trauerspiel, der Fall zu sein.

Es sind sieben oder acht Minuten einer strengen, ernsten, rhythmisch zurückhaltenden Pantomime, auf eine Musik von Debussy, die berühmt und von jedermann gekannt ist. Aber diese Musik ist durchaus nicht der Schlüssel zu diesem Ballett, wie etwa Schumanns Musik der Schlüssel und der völlig passende Schlüssel zu dem Ballett ›Karneval‹ ist. Der ›Karneval‹ scheint jedesmal wie eine Improvisation aus seiner Musik hervorzuströmen. Neben der strengen inneren Kraft von Nijinskys kurzer Szene dagegen scheint mir die Musik von Debussy zurückzutreten, ein begleitendes Element zu werden, ein Etwas in der Atmosphäre, nicht die Atmosphäre selbst. Auch das berühmte Gedicht von Mallarmé, dessen Titel und Grundstimmung die Musik übernommen hat, ist nicht der Schlüssel; eher vielleicht der eine Vers des Horaz: Faune, »nympharum fugientium amator« in seiner Konzentration, die den Vorgang eines Basreliefs in vier Worte schließt.

Dieses Äußerste an Konzentration, diese skulpturale Konzentration, dieses Basrelief sind es, die ich in der mimisch-dichterischen Arbeit von Nijinsky wiederfinde. Eine Vision der Antike, die ganz die unsrige ist, genährt von den großen statuarischen Gebilden des fünften Jahrhunderts, dem delphischen Wagenlenker, dem archaischen Jünglingskopf des Akropolismuseums, mit einer Schwingung von Schicksal und Tragik bis ins Bukolische hinein, gleich fern der Antike Winckelmanns, der Antike Ingres' wie der Antike Tizians.

Die uralte simple bukolische Situation »Faun und Nymphen«, eines der ewigen Grundmotive der Weltphantasie, streng in ihre wesentliche Teile zerlegt.

Der Faun schlafend, die Nymphen in seiner Nähe spielend. Er erwacht, nähert sich: ein Tier des Waldes, halb scheu, halb begierig. Sie erschrecken, flüchten. Ein Teil des Gewandes, ein Tuch, eine Schärpe, von der jüngsten, schönsten verloren, bleibt ihm zurück. Er spielt damit tierhaft, zärtlich, trägts in sein Versteck, legt sich nieder. In der Ausführung die gleiche Simplizität und Strenge. Jede Gebärde im Profil. Alles auf das Wesentliche reduziert, zusammengepreßt mit einer unglaublichen Kraft: Haltungen, Ausdrücke, die wesentlichen, die entscheidenden.

Ein Aufstehen, ein Heranlauern, ein Faunssprung, ein einziger . . .

»Wenn ich den ganzen Faun nicht in einem Sprunge geben kann, bin ich ein Stümper vor mir«, fühlt man Nijinsky sich sagen. Man spürt etwas Heldenhaftes am Werk. Die Erinnerung an eine Gestalt, an ein Streben wie Feuerbach, wie Marées blitzt auf. Nichts darf sich wiederholen. Es gibt nichts Nebensächliches. Einzigkeit ist Gesetz.

Ein grandios Gebundenes tritt uns entgegen. Das Gebundene ist gebändigter Reichtum der Erfindung, das Bindende ist Reichtum des bildenden Gemütes. Wir sind hier auf dem Boden der höchsten Kunst, und ich wage es auszusprechen, daß Goethe im Genuß einer Darbietung wie dieser die Freude empfangen hätte, der ein Element von Ehrerbietung nicht fremd ist.

BLICK AUF JEAN PAUL

1763–1913

Geht der Blick hundertfünfzig Jahre nach rückwärts, so trifft er den Lebensanfang dieses Dichters, der einst den Deutschen so teuer war, geht er um ein Jahrhundert zurück, seine volle Gewalt und überschwengliche Berühmtheit, ein halbes Jahrhundert, seine Geringschätzung und drohende Vergessenheit. Aber auch heute lebt sein Werk noch fort, wenn es auch nur ein dämmerndes Halbdasein ist. Ein wesenhaftes, geistiges Leben, in der Sprache ausgeprägt, ist niemals völlig abgetan, und wie eben in der Überlieferung eines großen Volkes alles da ist, »Stärke und Schwäche, Keime, Knospen, Trümmer und Verfallenes neben- und durcheinander«, so sind auch diese Werke da, und wenn der Blick auf sie fällt, scheinen sie widerzublicken und den Betrachtenden zu binden mit der Zauberkraft, die von jedem Leben ausgeht und ihm verliehen wurde zum Ersatz dafür, daß es ein Einmaliges, Nichtwiederkommendes ist.

Wer sich aber einlassen will mit diesen seltsamen Lebensgängen und barocken Zusammenfügungen, die zu durchlaufen unseren Großeltern so leicht und süß schien, dem widersteht das Ganze, und ihn verwirrt auch das Einzelne. Die Zusammenfügung ist lose, die Handlung zugleich dürftig und sonderbar, die Gestaltung schwach. In einem war dieser Dichter, den die Mitwelt den Einzigen nannte, den ein Herder über

Goethe stellte, groß; herrlich nennt ihn der strenge
Grillparzer in diesem einen: im Abspiegeln innerer Zu-
stände. Uns aber ist zuerst auch in diesem einen das
Überschwengliche befremdlich, bis das Seelenhafte
und trotz allem Wahre uns überwältigt. Vielleicht ist
uns dieser Überschwang darum so fremd, weil wir
heute in einem anderen Überschwang, diesem entge-
gengesetzt, befangen sind. Das in Freude und Wehmut
ausschweifende Ich ist selten unter uns, desto häufiger
ein dumpfes, beschwertes, ängstlich-selbstsüchtiges
Wesen. Das Aufgeschlossene, die grenzenlos gesellige
zarte Gesinnung ist uns verloren, statt dessen sind wir
in die Materie zu viel und zu wenig eingedrungen, das
allseitig Bedingte zieht uns in einen trostlosen Wirbel –
das doch im geheimen auch allseitig frei ist, erkennten
wir es nur so tief –, wir sind wahrhaftig jene »Anacho-
reten in der Wüste des Verstandes, auf denen schwer
das Geheimnis der Mechanik liegt«. Solchen Wechsel
schaffen die Umstände der Zeit, die für das Ganze das
sind, was für den Einzelnen die leibliche Verfassung.
Die geistigen Ab- und Ausschweifungen wechseln von
Geschlecht zu Geschlecht, aber auch ihr Rückstand und
Bodensatz, das Gewöhnliche und Alberne, das, worin
die Naivität und Beschränktheit einer Zeit liegt, wech-
selt bis zur Unbegreiflichkeit; darum gibt es kein Fern
und Nah bei der Betrachtung der Vergangenheit, alles
ist schwankend und unmeßbar, das Geistige in dem Individuum von 1830 uns ganz nahe, das Fratzenhafte der
Epoche uns ganz fern; daß auch unsere eigene Zeit den
Nachlebenden ein solches Gesicht zeigen wird, müssen
wir einsehen, ohne es begreifen zu können.

Jean Paul teilte seine Gemälde in die *italienischen* und die *niederländischen*; eine dritte Weise, die *deutsche*, stellte er dazwischen, worin er beide zu verbinden suchte. In seiner italienischen Manier sind die großen Romane abgefaßt, in denen es um hohe Gegenstände und die großen Verknüpfungen des Lebens geht und die das Entzücken seiner Mitlebenden bildeten; in der niederländischen und deutschen die kleinen Gemälde der wehmütig-vergnügten Anmut und des dürftigen, eingeschränkten Lebens, worin auch für unseren Sinn neben dem Barocken das Zarte, Tiefsinnige und Unerwartete fast nicht zu erschöpfen ist. Den großen Romanen aber, ›Titan‹, ›Hesperus‹, deren Namen selbst die Geringschätzung der Jahrzehnte nicht völlig haben klanglos machen können, waren mehr oder minder lose jene unvergleichlichen Stücke eingefügt, die wahrhaftige Gedichte sind und die in einer Blütenlese zusammenzustellen immer wieder von solchen versucht werden wird, deren Sinn dem Schönen in der Dichtkunst aufgeschlossen ist. Denn wessen Geist das Schöne überhaupt erfaßt, der kann auch nicht an irgendeiner Art des Schönen stumpf vorübergehen. Diese Gedichte, ohne Silbenmaß, aber von der zartesten Einheit des Aufschwunges und Klanges, sind die Selbstgespräche und Briefe der Figuren, ihre Ergießungen gegen die Einsamkeit oder gegen ein verstehendes Herz, ihre Träume, ihre letzten Gespräche und Abschiede, ihre Todes- und Seligkeitsgedanken; oder es sind Landschaften, Sonnenuntergänge, Mondnächte, aber Landschaften und Mondnächte der Seele mehr als der Welt. Die deutsche Dichtung hat nichts hervorgebracht, das der Musik so ver-

wandt wäre, nicht so Wehendes, Ahnungsvolles, Unendliches.

Bald ist es ein tönendes Anschwellen der Seele in einem
erhabenen Traumgesicht, bald die Mittagswehmut
oder die Beklommenheit der Dämmerung; es ist ein
Zittern, ein Auseinanderfließen in träumende Ruhe,
oder die Unendlichkeit einer letzten Begegnung, eines
letzten Augenblicks, die Ahnung des Einganges der
Welt und die vorausgeahnte Seligkeit des Vergehens.

In diesen Gesichten und Ergießungen ist die *Ferne* be-
zwungen, der Abgrund des Gemüts, den von allen
Künsten nur die tönende ausmißt; in den niederlän-
disch-deutschen Gemälden aber oder den Idyllen, wie
man sie wohl nennen muß, ist es das *Nahe*, das mit einer unbegreiflichen Kraft seelenhaft aufgelöst und ver-
göttlicht ist. Auch diese kleinen Dichtungen, der ›Sie-
benkäs‹, der ›Quintus Fixlein‹, der ›Jubelsenior‹ und
vor allem das ›Leben des vergnügten Schulmeisterlein
Maria Wuz in Auenthal‹, sind fürs erste nicht leicht zu
lesen. Hier gleichfalls ist in einer barocken Weise alles
zusammengefügt und durcheinander hingebaut, alles
ist Anspielung und Gleichnis, neuerfundene Wörter
und absonderliche Kunstwörter, zusammengetragen
aus der Sternkunde und Anatomie, der Gartenkunst
oder dem Staatsrecht wie der Kochkunst; aber zwischen dem allen dringt etwas hervor, das wahre Poesie
ist, vielleicht noch seltener und kostbarer als jene Ahnungen und Träume. Nach einer erhabenen Ferne
strebt in Träumen und halben Träumen etwa auch ein
zerrissenes und zweideutiges Gemüt, aber um das völlig Nahe in seiner Göttlichkeit zu erkennen, dazu bedarf es eines vor Ehrfurcht zitternden und zugleich ge-

faßten Herzens, denn eben weil es das Nahe und überall dicht an uns Herangedrängte ist, so überwächst sichs schnell mit der Dunkelheit des Lebens, geht wieder hin, wie nie geboren. So ist es mit dem Unsagbaren zwischen Eltern und Kindern, zwischen Mann und Frau, auch zwischen Freunden und miteinander Lebenden. Hier bedürfte es einer beharrenden Spannung des Herzens, der aber der Mensch ebensowenig fähig ist wie eines beständigen Gebetes. Nur in Aufschwüngen vermag er sich zu einem grenzenlos innigen Anschauen zu erheben, wo dann Groß und Klein, Vergänglich und Beständig als leere Worte dahinterbleiben. Die Jean Paulschen höchsten Momente sind dieser Art. Sie heften sich immer an das Kleine und Alltägliche; es ist in diesen idyllischen Erzählungen von nichts die Rede als von dem Gewöhnlichen der Leiblichkeit und der niedrigen Regungen des Geistigen, die fast wieder ins Leibliche fallen, den kleinen Eitelkeiten, Ängstigungen und Befriedigungen des Alltags. Der Leser hört viel von dem Zubehör der Kleidung, Bettzeug, Küchengerät und anderen Dürftigkeiten, womit vierundzwanzig Stunden des Alltags und der Raum zwischen Stubenwand und Fensterscheiben ausgefüllt sind. Aber dem Blick des Gemüts, der zart und gespannt genug ist, auf stummen Nichtigkeiten und Wehmut und Zärtlichkeit zu verweilen, steht ein redender Himmel offen, wenn bloß nur in einem alten Gesicht das Kindergesicht sich aufschlägt, worin das Unsagbarste uns auf die Seele fällt und Leben und Tod ineinandergehen. Diese beharrliche liebende Betrachtungskraft – von wie vielen vergeblich nachgeahmt, nicht nur dem zarten Stifter, sondern auch dem strengen Hebbel, dem witzigen Heine – trägt den Segen in sich, daß vor ihr wie das Häßliche so auch der Schmerz sich auflöst, ja die Nichtigkeit des Daseins selber sich vernichtigt: so wirkt sie, woran aller Schwung und Tiefsinn des angespannten Denkens scheitert: die kleine Wirklichkeit unseres Lebens liegt in diesen Dichtungen tröstlich da und umfriedigt.

Diese Bücher und die in ihnen webende Gesinnung mögen halb vergessen sein und allmählich noch mehr in Vergessenheit geraten, wie leicht möglich ist, es ist gleichwohl in ihnen etwas vom tiefsten deutschen dichterischen Wesen wirkend, das immer wieder nach oben kommen wird: *das Nahe so fern zu machen und das Ferne so nah, daß unser Herz sie beide fassen könne.*

ZWEI KLEINE BETRACHTUNGEN

Die Ironie der Dinge

Es war lange vor dem Krieg, daß ich in den ›Fragmenten‹ des Novalis diese Bemerkung fand: »Nach einem unglücklichen Krieg müssen Komödien geschrieben werden.« Diese Aufzeichnung in ihrer sonderbar lakonischen Form war mir ziemlich wunderlich. Heute verstehe ich sie besser. Das Element der Komödie ist die Ironie, und in der Tat ist nichts geeigneter als ein Krieg, der unglücklich ausgeht, uns die Ironie deutlich zu machen, die über allen Dingen dieser Erde waltet. Die Tragödie gibt ihrem Helden, dem Individuum, die künstliche Würde: sie macht ihn zum Halbgott und hebt ihn über die bürgerlichen Verhältnisse hinaus. Wenn sie sich von dieser unbewußten aber notwendigen Tradition nur einen halben Schritt entfernt, so gerät sie in den Bereich der Komödie: wie nahe kommt dieser schon ein Stück wie ›Hamlet‹ – aber Hamlet selbst ist noch ein König und ein Held, wenn auch ein solcher, an dessen Substanz die Ironie der Verhältnisse und die Selbstironie schon zehren, wie die Strahlen der Sonne an einem Schneemann; und ein bürgerliches Trauerspiel ist vollends ein Unding, denn die bürgerliche Welt ist die Welt des sozial Bedingten und die Tragödie entfaltet sich am sozial Unbedingten. Aber die wirkliche Komödie setzt ihre Individuen in ein tausendfach verhäkeltes Verhältnis zur Welt, sie setzt alles in ein Verhältnis zu allem und damit alles in ein Verhältnis der Ironie. Ganz so verfährt der Krieg, der über uns alle gekommen ist, und dem wir bis heute nicht entkommen sind, ja vielleicht noch zwanzig Jahre nicht entkommen werden. Er setzt alles in ein Verhältnis zu allem, das scheinbar Große zum scheinbar Kleinen, das scheinbar Bedingende zu einem Neuen über ihm, von dem es wiederbedingt wird, das Heroische zum Mechanischen, das Pathetische zum Finanziellen, und so fort ohne Ende. Zuerst, als der Krieg anfing, wurde der Held vom Schanzarbeiter ironisiert, der, welcher aufrecht stehen bleiben und angreifen wollte, von dem, der eine Schaufel hatte und sich eingrub; zugleich wurde das Individuum bis zur Vernichtung seines Selbstgefühls ironisiert von der Masse, ja nicht nur das Individuum, auch die organisierte Masse, das Bataillon, das Regiment, das Korps, von der immer größeren und formloseren Masse; dann aber doch auch wieder die ganze kämpfende Masse, dieser furchteinflößende und klägliche Riese, von einem Etwas, von dem sie sich regiert fühlte, weitergestoßen fühlte, und für das es schwer ist, einen Namen zu finden: nennen wir es den Geist der Nationen. Aber es kam der Moment, wo diese selber, die zur Einheit symbolisierten ungeheuren Massen, ironisiert wurden von der momentanen Allmacht einzelner Individuen, welche irgendwie die Hand an den Zügen und Schrauben hatten, mit denen dieses ungefüge Ganze für den Augenblick regiert werden konnte. Im gleichen Augenblick aber standen auch schon diese selber unter sich kreuzenden Strömen der stärksten, zersetzendsten Ironie: Ironie des Kontrastes

der großen ideellen Zusammenfassungen, die sie im
Mund führten, gegenüber dem Wust von eigensinni-
gen Realitäten, mit denen sie zu ringen hatten; Ironie
des Werkzeuges gegen die Hand, die das Werkzeug zu
führen glaubt, Ironie des tausendfachen in der Wirklichkeit begründeten Details gegen die vorschnelle und
bewußt unwahre Synthese. Zugleich aber kam der
Moment, wo innerhalb dieser riesigen Gesamtheiten
der Begriff der Nation ironisiert wurde durch den Begriff der sozialen Klasse. Es kam der Moment der
Kohle und des Kohlenarbeiters: dieses ganze Gefüge
aus scheinbar Geistigem, hinter dem sich die Materie
versteckt, und scheinbar Materiellem, in das der Geist
eingekerkert ist, und das wir europäische Zivilisation
nennen, wurde ironisiert von einer einzigen Materie,
dem in mineralischer Form aufgespeicherten Sonnen-
licht, und alle sozialen Klassen und sogar die Arbeiter-
klasse wieder ironisiert von einer bestimmten Abtei-
lung dieser Klasse: den Kohlenarbeitern, die zu dieser
Materie, von der alles abhängt, in einem Verhältnis stehen, dem wiederum eine ungeheure Ironie innewohnt:
denn sie werden von eben jener Materie, über die sie
die unmittelbare Verfügung haben, in einem Verhältnis gehalten, das einer Sklaverei nicht unähnlich ist. Im
Kampf aber um die Seele des Kohlenarbeiters, der auf
einmal der Herr der Lage geworden war, ironisierten
sich bis zum äußersten die sozialen und die nationalen
Schlagworte, ja da er mehr als ein anderer Arbeiter an
eine Landschaft gebunden ist, so ironisierten sich in
dem Kampf um ihn sogar auch jene größten Über-
mächte, deren wechselseitige Ironie durch all dies Geschehen hin zeitweise aufblitzt: die Geographie und die

Geschichte. Es wurde endlich zu einer unerschöpflichen Quelle der Ironie der Umstand, daß in den besiegten Ländern, das ist nahezu in halb Europa, das Geld seinen Wert verloren hat gegenüber der Ware, auch der bescheidensten Ware, dem Stück Brot oder dem Meter Leinwand; daß man für die dämonische Substanz, für die man blindlings alles herzugeben gewohnt war, weil man mit ihr alles kaufen konnte, jetzt eigentlich nichts mehr kaufen kann; daß man für weite Länderstrecken zum Tauschhandel zurückgekehrt ist, und daß im Zusammenhange dieser Veränderungen das Privilegium der geistigen Arbeit ganz geschwunden ist und ein Gymnasialdirektor ungefähr so bezahlt wird wie ein Markthelfer, ein Staatssekretär etwas niedriger als ein Chauffeur.

Mit alldem befinden wir uns ganz und gar im Element der Komödie – oder vielmehr in einem Element so allseitiger Ironie, wie keine Komödie der Welt es aufweist, es sei denn die Komödie des Aristophanes; und auch diese ist während eines für die Vaterstadt des Dichters höchst unglücklichen, ihr Schicksal besiegelnden Krieges entstanden. Daß es aber die Unterliegenden sind, denen diese ironische Macht des Geschehens aufgeht, ist ja ganz klar. Wer an das bittere Ende einer Sache gelangt ist, dem fällt die Binde von den Augen, er gewinnt einen klaren Geist und kommt hinter die Dinge, beinahe wie ein Gestorbener.

Für alle diese Dinge waren die Dichter empfindlich, die vor hundert Jahren da waren, und ganz natürlich, sie hatten die französische Umwälzung und die napoleonische Zeit durchleben müssen, so wie wir diese jetzigen Krisen durchzuleben haben. Darum machten sie aus der Ironie ein Grundelement ihrer Lebens- und Kunstgesinnung und nannten sie die »romantische Ironie«. Sie hielten es für unrecht, wenn man sich zu tief in den Schmerz versenkte, und sie meinten, daß man um einen Gegenstand ganz zu lieben auch das Lächerliche an diesem Gegenstand zu sehen wissen müsse. Sie verlangten, man solle das ganze Leben wie eine »schöne genialische Täuschung«, wie ein »herrliches Schauspiel« betrachten, und wer anders verfahre, dem fehle der Sinn für das Weltall. Sie erhoben sich, aus einer Epoche, darin, als der große Sturm vorüber war, sich wie in der unseren das Bittere mit dem Schalen mischte, zu einer so großen inneren Freiheit, daß sie uns fast wie Trunkenheit erscheinen könnte. Heute ist uns diese Verfassung begreiflicher, als sie irgendeiner der dazwischenliegenden Generationen sein konnte, und mit nachdenklichem Staunen lesen wir die Worte, die sie mit einem feurigen Federzug an das finstere sternlose Himmelsgewölbe geschrieben haben: Denn der Herr ist der Geist. Wo aber der Geist der Herr ist, da ist die Freiheit.

Der Ersatz für die Träume

Was die Leute im Kino suchen, sagte mein Freund, mit dem ich auf dieses Thema kam, was alle die arbeitenden Leute im Kino suchen, ist der Ersatz für die Träume. Sie wollen ihre Phantasie mit Bildern füllen, starken Bildern, in denen sich Lebensessenz zusammenfaßt; die gleichsam aus dem Innern des Schauenden gebildet sind und ihm an die Nieren gehen. Denn

solche Bilder bleibt ihnen das Leben schuldig. – (Ich
rede von denen, die in den Städten oder großen zusam-
menhängenden Industriebezirken wohnen, nicht von
den andern, den Bauern, den Schiffern, Waldarbeitern
oder Bergbewohnern.) – Ihre Köpfe sind leer, nicht
von Natur aus, eher durch das Leben, das die Gesellschaft sie zu führen zwingt. Da sind diese Anhäufun-
gen von kohlengeschwärzten Industrieorten, mit
nichts als einem Streifchen von verdorrtem Wiesen-
gras zwischen ihnen, und den Kindern, die da aufwachsen, von denen unter sechstausend nicht eines im Leben
eine Eule gesehen hatte oder ein Eichhörnchen oder
eine Quelle, da sind unsere Städte, diese endlosen einander durchkreuzenden Häuserzeilen; die Häuser sehen einander ähnlich, sie haben eine kleine Tür und
Streifen von gleichmäßigen Fenstern, unten sind die
Läden; nichts redet zu dem, der vorüberkommt, oder
der ein Haus sucht: das einzige, was spricht, ist die
Nummer. So ist die Fabrik, der Arbeitssaal, die Maschine, das Amt, wo man Steuer zahlen oder sich mel-
den muß: nichts davon bleibt haften als die Nummer.
Da ist der Werktag: die Routine des Fabriklebens oder
des Handwerks; die paar Handgriffe, immer die gleichen; das gleiche Hämmern oder Schwingen oder Fei-
len oder Drehen; und zuhause wieder: der Gaskocher,
der eiserne Ofen, die paar Geräte und kleinen Maschi-
nen, von denen man abhängt, auch das durch Übung
so zu bewältigen, daß schließlich der, der sie immer
wieder bewältigt, selber zur Maschine wird, ein Werkzeug unter Werkzeugen. Davor flüchten sie zu unzähligen Hunderttausenden in den finsteren Saal mit den
beweglichen Bildern. Daß diese Bilder stumm sind, ist

ein Reiz mehr; sie sind stumm wie Träume. Und im Tiefsten, ohne es zu wissen, fürchten diese Leute die Sprache; sie fürchten in der Sprache das Werkzeug der Gesellschaft. Der Vortragssaal ist neben dem Kino, das Versammlungslokal ist eine Gasse weiter, aber sie haben nicht diese Gewalt. Der Eingang zum Kino zieht mit einer Gewalt die Schritte der Menschen an sich, wie – wie die Branntweinschänke: und doch ist es etwas anderes. Über dem Vortragssaal steht mit goldenen Buchstaben: »Wissen ist Macht«, aber das Kino ruft stärker: es ruft mit Bildern. Die Macht, die ihnen durch das Wissen vermittelt wird – irgend etwas ist ihnen unvertraut an dieser Macht, nicht ganz überzeugend; beinahe verdächtig. Sie fühlen, das führt nur tiefer hinein in die Maschinerie und immer weiter vom eigentlichen Leben weg, von dem, wovon ihre Sinne und ein tieferes Geheimnis, das unter den Sinnen schwingt, ihnen sagt, daß es das eigentliche Leben ist. Das Wissen, die Bildung, die Erkenntnis der Zusammenhänge, all dies lockert vielleicht die Fessel, die sie um ihre Hände geschlungen fühlen, – lockert sie vielleicht – für den Moment – zum Schein – um sie dann vielleicht noch fester zusammenzuziehen. All dies führt vielleicht zuletzt zu neuer Verkettung, noch tieferer Knechtschaft. (Ich sage nicht, daß sie dies sagen; aber eine Stimme sagt es in ihnen ganz leise.) Und ihr Inneres würde bei alledem leer bleiben. (Auch dies sagen sie sich, ohne es sich zu sagen.) Die eigentümliche fade Leere der Realität, die Öde – die, aus der auch der Branntwein herausführt –, die wenigen Vorstellungen, die im Leeren hängen, all dies wird nicht wirklich geheilt durch das, was der Vortragssaal bietet. Auch die

Schlagworte der Parteiversammlung, die Spalten der Zeitung, die täglich daliegt – auch hierin ist nichts, was die Öde des Daseins wirklich aufhöbe. Diese Sprache der Gebildeten und Halbgebildeten, ob gesprochen oder geschrieben, sie ist etwas Fremdes. Sie kräuselt die Oberfläche, aber sie weckt nicht, was in der Tiefe schlummert. Es ist zuviel von der Algebra in dieser Sprache, jeder Buchstabe bedeckt wieder eine Ziffer, die Ziffer ist die Verkürzung für eine Wirklichkeit, all dies deutet von fern auf irgend etwas hin, auch auf Macht, auf Macht sogar, an der man irgendwelchen Anteil hat; aber dies alles ist zu indirekt, die Verknüpfungen sind zu unsinnig, dies hebt den Geist nicht wirklich auf, trägt ihn nicht irgendwo hin. All dies läßt eher eine Verzagtheit zurück, und wieder dies Gefühl, der ohnmächtige Teil einer Maschine zu sein, und sie kennen alle eine andere Macht, eine wirkliche, die einzige wirkliche: die der Träume. Sie waren Kinder und damals waren sie mächtige Wesen. Da waren Träume, nachts, aber sie waren nicht auf die Nacht beschränkt; sie waren auch bei Tag da, waren überall: eine dunkle Ecke, ein Anhauch der Luft, das Gesicht eines Tiers, das Schlürfen eines fremden Schrittes genügte, um ihre fortwährende Gegenwart fühlbar zu machen. Da war der dunkle Raum hinter der Kellerstiege, ein altes Faß im Hof, halbvoll mit Regenwasser, eine Kiste mit Gerümpel; da war die Tür zu einem Magazin, die Bodentür, die Tür zur Nachbarswohnung, durch die jemand herauskam, vor dem man sich ängstlich vorbeiduckte, oder ein schönes Wesen, das den süßen undefinierbaren Schauder der ahnenden Begierde tief in die dunklen bebenden Tiefen des Herzens hineinwarf –

und nun ist es wieder eine Kiste mit zauberhaftem Gerümpel, die sich auftut: das Kino. Da liegt alles offen
da, was sich sonst hinter den kalten undurchsichtigen
Fassaden der endlosen Häuser verbirgt, da gehen alle
Türen auf, in die Stuben der Reichen, in das Zimmer
des jungen Mädchens, in die Halls der Hotels; in den
Schlupfwinkel des Diebes, in die Werkstatt des Alchi-
misten. Es ist die Fahrt durch die Luft mit dem Teufel
Asmodi, der alle Dächer abdeckt, alle Geheimnisse
freilegt. Aber es ist nicht bloß die Beschwichtigung der
quälenden, so oft enttäuschten Neugier: wie beim
Träumenden ist hier einem geheimeren Trieb seine
Stillung bereitet: Träume sind Taten, unwillkürlich
mischt sich in dies schrankenlose Schauen ein süßer
Selbstbetrug, es ist wie ein Schalten und Walten mit
diesen stummen, dienstbar vorüberhastenden Bildern,
ein Schalten und Walten mit ganzen Existenzen. Die
Landschaft, Haus und Park, Wald und Hafen, die hinter den Gestalten vorüberweht, macht nur eine Art von
dumpfer Musik dazu – aufrührend weiß Gott was an
Sehnsucht und Überhebung, in der dunklen Region, in
die kein geschriebenes und gesprochenes Wort hinab-
dringt – auf dem Film aber fliegt indessen in zerrisse-
nen Fetzen eine ganze Literatur vorbei, nein, ein ganzes
Wirrsal von Literaturen, der Gestaltenrest von Tausen-
den von Dramen, Romanen, Kriminalgeschichten; die
historischen Anekdoten, die Halluzinationen der Gei-
sterseher, die Berichte der Abenteurer; aber zugleich
schöne Wesen und durchsichtige Gebärden; Mienen
und Blicke, aus denen die ganze Seele hervorbricht. Sie
leben und leiden, ringen und vergehen vor den Augen
des Träumenden; und der Träumende weiß, daß er

wach ist; er braucht nichts von sich draußen zu lassen; mit allem, was in ihm ist, bis in die geheimste Falte, starrt er auf dieses flimmernde Lebensrad, das sich ewig dreht. Es ist der ganze Mensch, der sich diesem Schauspiel hingibt; nicht ein einziger Traum aus der zartesten Kindheit, der nicht mit in Schwingung geriete. Denn wir haben unsere Träume nur zum Schein vergessen. Von jedem einzelnen von ihnen, auch von denen, die wir beim Erwachen schon verloren hatten, bleibt ein Etwas in uns, eine leise aber entscheidende Färbung unserer Affekte, es bleiben die Gewohnheiten des Traumes, in denen der ganze Mensch ist, mehr als in den Gewohnheiten des Lebens, all die unterdrückten Besessenheiten, in denen die Stärke und Besonderheit des Individuums sich nach innen zu auslebt. Diese ganze unterirdische Vegetation bebt mit bis in ihren dunkelsten Wurzelgrund, während die Augen von dem flimmernden Film das tausendfältige Bild des Lebens ablesen. Ja dieser dunkle Wurzelgrund des Lebens, er, die Region wo das Individuum aufhört Individuum zu sein, er, den so selten ein Wort erreicht, kaum das Wort des Gebetes oder das Gestammel der Liebe, er bebt mit. Von ihm aber geht das geheimste und tiefste aller Lebensgefühle aus: die Ahnung der Unzerstörbarkeit, der Glaube der Notwendigkeit und die Verachtung des bloß Wirklichen, das nur zufällig da ist. Von ihm, wenn er einmal in Schwingung gerät, geht das aus, was wir die Gewalt der Mythenbildung nennen. Vor diesem dunklen Blick aus der Tiefe des Wesens entsteht blitzartig das Symbol: das sinnliche Bild für geistige Wahrheit, die der ratio unerreichbar ist.

Ich weiß, schloß mein Freund, daß es sehr verschiedene

Weisen gibt, diese Dinge zu betrachten. Und ich weiß, es gibt eine Weise, sie zu sehen, die legitim ist von einem anderen Standpunkte aus, und die nichts anderes in alledem sieht als ein klägliches Wirrsal aus industriellen Begehrlichkeiten, der Allmacht der Technik, der Herabwürdigung des Geistigen und der dumpfen, auf jeden Weg zu lockenden Neugierde. Mir aber scheint die Atmosphäre des Kinos die einzige Atmosphäre, in welcher die Menschen unserer Zeit – diejenigen welche die Masse bilden – zu einem ungeheuren, wenn auch sonderbar zugerichteten geistigen Erbe in ein ganz unmittelbares, ganz hemmungsloses Verhältnis treten, Leben zu Leben, und der vollgepfropfte halbdunkle Raum mit den vorbeiflirrenden Bildern ist mir, ich kann es nicht anders sagen, beinahe ehrwürdig, als die Stätte, wo die Seelen in einem dunklen Selbsterhaltungsdrange hinflüchten, von der Ziffer zur Vision.

KOMÖDIE

[Anläßlich einer
theatergeschichtlichen Ausstellung]

Das Theater ist von den weltlichen Institutionen die einzig überbliebene gewaltige und gemeingültige, die unsere Festfreude, Schaulust, Lachlust, Lust an Rührung, Spannung, Aufregung, Durchschütterung geradhin an den alten Festtrieb des alten ewigen Menschengeschlechtes bindet. Es hat seine Wurzeln tief und weit in den Unterbau getrieben, auf dem vor Jahrtausenden das Gebäude unserer Kultur errichtet ist; wer sich ihm ergibt, ist über manches, das die anderen begrenzt und bindet, hinweggehoben.

Das Theater postuliert jeden, der sich mit ihm einläßt, als gesellige Person, aber es achtet nur gering auf die Unterschiede der Zeiten und Sitten, die dem Historiker des zwanzigsten Jahrhunderts so ungemein scheinen, indes der Dichter wie der naive Mensch sie niedrig schätzt.

Auf der Nilbarke, die von Dorf zu Dorf glitt, erhob sich zu Pharaonenzeiten der Tisch mimender Gaukler; ihm aufs Haar glich das Gerüst, auf dem dreitausend Jahre später Pulcinella und Tabarin hervortraten. Zu Ende des siebzehnten Jahrhunderts kommen die italienischen »Masken« über die Alpen, Harlekin ihr Anführer. Nirgends wird ihnen so wohl wie in Wien. Hier wurzeln sie sich ein, und Harlekin aus Bergamo wird Hanswurst aus Salzburg. Aus Gozzis Hand empfing Raimund die burleske Masken- und Märchenwelt und setzte ihr ein wienerisches Herz ein. Unter Nestroys Fingern veränderte sie sich; der Märchenhauch geht weg, aber die Gestalten, ob auch ein ätzendes Etwas ihre treuherzigen Mienen verschärft, es sind die Tröpfe und die Spötter, die Stupidi und die Derisores der antiken Komödie, es sind die Handwerker wie in Philistions und Theokrits uralten Possen: Knieriem, Leim und Zwirn, und Kilian der Färber, Knöpfel der Pfaidler, Weinberl der Kommis, und Christopherl der Lehrbub, – gewaltige Ahnenreihe, ewiges Leben!

Hier oder nirgends hat ein volkstümliches Theater geblüht, und Maran und Blasel, über die wir noch gestern gelacht haben, sind e i n e r Wurzel mit Tabarin und Sganarell, mit Philistion, dem Archimimen, mit Shakespeares Narren und Calderons Gracioso – tausend Namen für ein Ding: der wahre Komödienspieler, der Mann mit dem geschorenen Kopf, dem Hahnenkamm und der Pritsche, mit den gelenkigen Gliedern, dem Gesicht, das sich in Falten zieht wie ein Vorhang, und dem Mund und den Augen, die aus diesem Vorhang hervortreten, unverschämt, dummdreist, verschlagen oder wehmütig.

Alles was sich aufs Theater – das wahrhafte, nicht das der Literatur – bezieht, ist lebendig, gemeingültig, menschenhaft. Je näher man dem Eigentümlichen des Theaterwesens kommt, desto mehr tritt man aus dem Bann der eigenen Zeit heraus. Theatralisches Gerät und Gerüst, sei es was es sei – nicht mit Bildungssinn, nur mit Lebenssinn können wir es ansehen. Der Vorhang, vor den die Jongleurs der mittelalterlichen Fürstenhöfe heraustraten, er ist der gleiche, vor dem wir

schon als Kinder pochenden Herzens saßen und auf
dem der Fügersche Apollo oder etwa eine feiste
Mannsfigur mit den Zügen des Wenzel Scholz gemalt war. Nichts ist demnach weniger historisch
als eine Ausstellung aufs Theater bezüglicher Gegenstände. Alles soll hier – und wäre es fünftausend Jahre
alt – in seiner augenblicklichen Anwendbarkeit auf
ein noch Daseiendes erkannt und gewertet werden.
Viel eher muß die Schaustellung einem Arsenal bei
noch währender Schlacht als einem toten Museum
gleichen.

Denn was wäre wahrhaft theatralisches Element, das
nicht etwa noch einmal zum Leben erwachen könnte –
und gar hier in Wien, wo die Oper sich vom Schauspiel
niemals ganz abgetrennt hat, wo Kasperl und Hanswurst niemals ganz von der Bühne weichen mußten,
sondern nur bis in die Leopoldstadt, wo das Improvisa-
torische der Commedia dell' arte in einem herrlichen
Komödianten wie Girardi bis an unsere Tage heran ge-
lebt hat, wo das theatralische Wesen allezeit vom Sinn-
fälligen aus zu empfänglichen, sinnlich begabten Menschen sprach und stets der Schauspieler, der Sänger, der
Mime der Träger des theatralischen Ganzen war, das
nur durch ihn, und anders nicht, als ein Ganzes kann
genossen werden.

Wien allein durfte darum die deutschen Sammler und
Körperschaften gerade zu einer solchen Schaustellung
einladen, welche bezeigen will: das Theater sei ein ewiges Institut, auf Sinnenfreude und den schöpferischen
wie empfänglichen mimischen Kräften aufgebaut, un-
geistig, weil anders geartet und wohl etwas geheimnis-
voller als was man gemeinhin »geistig« nennt, unlite-

rarisch durchaus, weil es mehr als Poesie und weniger als Poesie verlangt, durchaus eine Welt für sich, und von den großen geselligen Institutionen, die in einer verwirrten und vereinsamten Welt noch in Kraft stehen, die älteste, die ehrwürdigste und die lebensvollste.

Man hat in allen Sprachen unendlich viel über Reinhardt geschrieben, aber das Wesentliche ist einfach.
Reinhardts Kraft sitzt im Zentrum des Komplexes
»Theater«. Den auf einen Theatermann eindringenden
Massen: des Poetischen, des Mimischen, des Rhythmischen, des Maschinellen, des Administrativen, setzt er
die Massen seiner Kräfte entgegen und macht sich zum
Eroberer des theatralischen Ganzen, wie in hundert
Jahren kaum einer auftritt.

Er ist heute eine durchaus internationale Figur; und ich
glaube, diese Internationalität des Ruhmes und der
Wirkung hat ihre Wurzel darin, daß er aus dem österreichisch-deutschen Theaterwesen hervorgegangen
ist. Denn dieses ruht auf einer Internationalität, einer
allseitigen Empfänglichkeit, welche das direkte Erbe
des universal-europäischen Geistes der drei vergangenen Jahrhunderte ist: ich meine des sechzehnten, siebzehnten und achtzehnten. Das Repertoire der deutschen ernsthaften Bühne – und sowohl der Oper als des
Schauspiels – umfaßt nämlich wirklich die dramatische
Weltliteratur: die Oper von Gluck oder von Mozart
steht als ein lebendiger ständiger Besitz neben der von
Wagner, von Verdi oder von Berlioz; ebenso stehen
auf der Schauspielbühne Sophokles, Calderon oder
Molière – von Shakespeare nicht zu sprechen – im täglichen Repertoire neben Goethe und Schiller, neben

Bernard Shaw, Hauptmann, Ibsen oder Tolstoi. Ich sage: von Shakespeare nicht zu sprechen: denn das Jahrbuch der Deutschen Shakespeare-Gesellschaft weist in seiner Statistik manchmal bis dreitausend jährlicher Shakespeare-Aufführungen nach, und diese entstehen nicht etwa nur dadurch, daß ein Theater in Berlin oder Wien eines von Shakespeares Stücken in langen Serien herunterspielt, sondern sie verteilen sich über das ganze deutsche Sprachbereich: denn das Theater in Basel oder in Innsbruck hat keine geringeren Ambitionen als das in Kassel oder in Königsberg oder in Wiesbaden – und wer in Geschäften oder als Tourist ein Jahr lang kreuz und quer durch die deutschen Länder reist und dabei die Anschlagzettel der Theater beachtet, dem könnte das Erstaunliche begegnen, daß er mit Ausnahme vielleicht von ›Cymbeline‹ oder von den ›Edelleuten von Verona‹ – und von einem Teil der ›Historien‹, etwa ›Heinrich VI.‹ – den *ganzen Shakespeare* auf der Bühne sieht, nicht etwa nur, was man die Hauptwerke zu nennen pflegt, sondern ohne Zweifel auch ›Maß für Maß‹, ›Troilus und Cressida‹ oder ›König Johann‹ oder ›Heinrich VIII.‹. Dieses die dramatische Produktion aller Zeiten und Länder umfassende Repertoire ist die Stärke und der Stolz des deutschen Theaters; es erhält sich nun durch weit mehr als ein Jahrhundert und ist ein Vermächtnis unserer großen Dichter zu Ende des achtzehnten Jahrhunderts, vor allen Goethes, und auch der starke Nationalismus in manchen Momenten des neunzehnten, oder im jetzigen Augenblick, haben an dem universellen Geist der deutschen Bühne nichts Wesentliches verändert. Alle Schichten der Nation: die kleinen deutschen Souve-

räne, welche oft mit großen Opfern ihre Hoftheater
erhielten, die Universitäten und gelehrten Korporatio-
nen, der im Durchschnitt sehr hochgebildete Mittel-
stand, welcher durch hundertfünfzig Jahre das Publikum dieser Theater bildete, die Journalisten bei aller
Verschiedenheit der politischen und sozialen Gesinnung, sind sich darin einig, diesen internationalen und
überzeitlichen Charakter des »hohen Repertoires« zu
erhalten, und es müßte eine furchtbare Zerstörung
des ganzen gebildeten Publikums, zu dem heute in
Deutschland nicht nur die bürgerliche Klasse, sondern
auch die organisierte Arbeiterschaft gehört, stattfin-
den, bevor sich dies verändern könnte. Auf diesen geistigen Tendenzen, die im Laufe von sechs Generationen der Nation in Fleisch und Blut gegangen sind, ruht
der Stolz der deutschen Bühne und ihr nicht unberech-
tigter Anspruch, in gewisser Beziehung als die erste in
Europa angesehen zu werden. Nicht ebenso hoch vermag ich die eigentlich schauspielerische Begabung der
Nation anzusehen. In dieser Beziehung sind die Russen
ohne jeden Zweifel stärker als die Deutschen, und neben die Russen möchte ich die Italiener stellen, wenn
ich mich an das schauspielerische Genie höchsten Ranges erinnere, wie es sich von Generation zu Generation
immer aufs neue in einem Rossi oder Salvini, einer Ri-
stori oder einer Duse verkörpert. Das französische
Theater, oder richtiger gesagt: das Pariser Theater, ist
unübertrefflich im Gesellschaftsstück, in der Revue, in
der Farce. In diesem Theater spiegelt Paris sich selber
wie in einem Spiegel aus tausend aneinandergefügten
Prismen. Aber es ist in seinem Repertoire ein enges
Theater, gebunden an den Geist dieser einen Stadt und

an den einen Moment: die unmittelbare Gegenwart: dies ist seine Stärke und seine Schwäche. Das englische Theater hat eine glorreiche Vergangenheit; wunderbar zu denken, daß es den größten Theaterdichter aller Zeiten, Shakespeare, und fast zweihundert Jahre später den, wie es scheint, größten Schauspieler aller Zeiten, Garrick, hervorgebracht hat. Heute ist es ein Patient, an dessen Krankenbett sich sehr kluge, erfahrene Ärzte, wie Bernard Shaw, Granville Barker und Galsworthy, vergeblich bemühen. Was auf der englischen Bühne Höheres versucht wird – und es wird sehr Hohes und Schönes immer wieder versucht: man denke nur an die kurze Theaterführung Granville Barkers oder an ein glänzendes Phänomen wie Gordon Craig, den genialen Maler-Regisseur –, was auf der englischen Bühne, sage ich, Hohes versucht wird, ist wie ins Wasser geschrieben: der breite Strom treibt weiter, und die Schrift löst sich auf. Das, was Höheres versucht wird, ist immer wieder die Sache einer kleinen Minorität: ein paar Schriftsteller, ein paar Maler, ein paar reiche Männer, oder ein weiblicher Mäzen wie Lady Cunard, vereinigen sich und starten eine theatralische Darbietung von sehr hohem Niveau und großer Besonderheit; das Ereignis macht eine gewisse Sensation, die aber wieder nicht über den Kreis einer Minorität hinausgeht; und das große Publikum, also die Nation, bleibt für die Befriedigung ihrer theatralischen Bedürfnisse angewiesen auf Unternehmer, die rein kommerzielle Gesichtspunkte haben, und welche das Publikum dadurch immer tiefer in seinem Geschmack sinken lassen, daß sie sich von ihm führen lassen, anstatt ihm zu diktieren.

Reinhardt hat in den zwanzig Jahren, seit er Direktor eines oder mehrerer Theater ist, nie einen Augenblick lang aufgehört, dem Publikum seinen Geschmack zu diktieren: und gerade diesem Umstand verdankt er heute die ungeheure Autorität, die er in Europa bei der großen Masse genau so besitzt wie bei den Künstlern und den Ästheten. Er hat in diesen zwanzig Jahren unzählige Stücke von Autoren aller Nationen auf die Bühne gebracht; aber ich getraue mich zu sagen, daß bei der Wahl keines einzigen davon etwas anderes entscheidend war als sein persönlicher Geschmack und die Lust, gerade dieses Stück in gerade diesem Augenblick zu spielen, ein beinahe naiver, kindlicher Impuls seiner Phantasie. Diese Seite seines Wesens ist es, die ihn in so erstaunlicher Weise davor bewahrt, sich zu wiederholen, oder »Routinier« zu werden: er greift nach jedem neuen Stück Arbeit wie ein Kind nach einem neuen Spielzeug: mit der ganzen Unbekümmertheit eines Phantasten, der – bevor er die Zuschauer bezaubert – vor allem sich selbst bezaubern will, und für kein Wesen, das ich kenne, hat der Doppelsinn des Wortes »spielen« – auf die theatralische Kunst angewandt – so sehr seine tiefe Bedeutung bewahrt wie für ihn.

Aber seine Phantasie ist sehr anspruchsvoll; weit anspruchsvoller als die der meisten Menschen. Um sie zu befriedigen, braucht er als Unterlage für sein »Spiel« die theatralische Erfindung eines großen Dramatikers oder mindestens eines sehr merkwürdigen modernen Autors, der irgendeine Seite der Existenz in besonderer Weise spiegelt. Und um diese Erfindung in das volle dramatische Leben zu tauchen, das seine Ansprüche erst befriedigt, braucht er eine große Skala schauspielerischer Individualitäten, genau so wie ein großer Maler auf seiner Palette einen großen Reichtum von Tonwerten braucht – er braucht den Maler, den Musiker, den Maschinenmeister, den Beleuchter, den Choreographen – braucht und verbraucht sie in einem ganz andern Maße als irgendein anderer Theaterchef, steigert sie durch seine Forderungen weit über die Grenzen ihrer Kräfte – er braucht und verbraucht, um es kurz zu sagen, alle Personen, alle Erfindungen, alle Talente, alle Ideen, alle Nervenkräfte, alle Intelligenzen, die in seiner Reichweite – und sein Arm reicht weit – auftauchen und dem Theater dienen wollen oder in den Dienst dieser Institution hineingezogen werden können; aber er verbraucht alle diese Materialien und Existenzen nur so, wie er auch unbekümmert seine eigene Existenz verbraucht: damit *sein Theater* existiere, ein Theater, das genau den Ansprüchen seiner Phantasie gehorche, die in jedem Augenblick wechseln und immer ein Höchstes an Glanz, Harmonie und Intensität verlangen. Denn er ist nicht Unternehmer, nicht Gründer, nicht Dramaturg, nicht einmal Bahnbrecher oder Avantgardist, ebensowenig Geldmensch oder Machtmensch als Ideenmensch oder Systematiker: er ist ein Visionär, und ein solcher, der seine Visionen realisieren will, und als solcher aber ein Ordner und ein Kraftmensch wie wenige.

Nie hat sich jemand weniger gebunden gefühlt durch die nationalen und zeitlichen Grenzen als er: und hierin folgt er ganz der großen Tradition des österreichisch-deutschen Theaters. Er ist, als Individuum, so voll Lebenskraft, daß er alles, auch das sehr Entfernte oder der Zeit nach sehr Entlegene, nur als ein Stück Leben zu sehen vermag. Er sieht nichts historisch, sondern alles unmittelbar – und alles mit der Phantasie des Theatermenschen. Eine fremde künstlerische Persönlichkeit, eine fremde Zivilisation, eine ferne Epoche – diese Schranken existieren für ihn nicht. Lady Diana Manners, oder Maria Carmi aus Florenz oder Fräulein Darvas aus Budapest: er sieht eine schöne Frau, eine Gestalt mit der Möglichkeit großer Gebärden, ein schönes Gesicht mit der Möglichkeit einer gewissen Ausdrucksskala – und er eignet sich diese Möglichkeiten an. Er hat viel von Gordon Craig genommen, diesem einsamen Vorläufer, dessen Traum war, die Bühne durch das wechselnde Licht zu regieren, und »an ever shifting maze of colour, form and motion« zu schaffen; er hat von ihm genommen, aber nur, um aus dem Genommenen etwas Neues, Stärkeres, dem wirklichen Theater Gemäßeres zu machen; er hat immer, wenn er nahm, mehr gegeben als genommen. Er hat von der japanischen Bühne gewisse Dinge genommen und von der antiken Bühne gewisse Dinge; er verdankt den Zeremonien und Aufzügen der katholischen Kirche viel; Venedig, das traumhafteste und theatralischeste historische oder architektonische Gebilde, das es auf der Welt gibt, hat seine Phantasie unendlich, und immer aufs neue, befruchtet. Er wird in keinem Gebirgsdorf einen volkstümlichen Aufzug und in keinem Museum ein Bild sehen, ohne etwas dadurch für seine Phantasie zu gewinnen, – aber das, was er aus all dem macht, ist ganz einheitlich, ganz persönlich und, wie es scheint, unerschöpflich.

Ich erinnere mich genau seines Aufstieges und der Jahre, die ihn aus einem »interessanten jungen Theater-

direktor« zum ersten Theaterchef Deutschlands machten. (Am Anfang dieses Aufstieges war er sechsund-
zwanzig Jahre alt.) Es waren drei Etappen, in denen er
sich zuerst die sichere Stellung innerhalb seines eigenen
Theaters, dann die erste Stellung in Berlin, dann die
erste in Deutschland eroberte. Die erste war die Aufführung des ›Nachtasyl‹ von Gorki, also ein »realisti-
sches« Drama. Das, womit Reinhardt der Aufführung
ihr Außerordentliches gab, war zunächst die Besetzung: das Stück, das sehr viele Rollen enthält und darunter fast keine große Rolle, war mit lauter ausgezeichneten Schauspielern besetzt, von denen zwei Drittel
neue, von ihm gefundene Menschen waren. Das Zu-
sammenspiel war außerordentlich, und besonders
fühlte man – zum ersten Mal – was man von da an so
oft fühlen sollte: einen ordnenden rhythmischen Instinkt hinter dem Ganzen, der den einzelnen Momenten des Spiels eine wunderbare Abstufung von Schnell
und Langsam und vom Pianissimo bis zum Fortissimo
gab. Im Ganzen war es eine Aufführung, deren Qualität mit dem, was zur gleichen Zeit und nachher Sta-
nislawski machte, nahe verwandt war. Die nächste
Etappe aber war der ›Sommernachtstraum‹; eine völlig
andere Welt tat sich auf. Während sich im ›Nachtasyl‹
eine völlig richtige schauspielerische Nuance an die andere geschlossen hatte, schien hier das Schauspielerische beinahe nebensächlich: so sehr war alles be-
schwingt, tanzend, der Musik angenähert. Die dritte
Etappe war der ›König Ödipus‹ von Sophokles, und
damit wieder eine völlig andere Welt, ein völlig neuer
Stil der Regie und so gewaltig auch in der Wirkung,
daß diese Vorstellung, zuerst in einer riesigen Ausstel-

lungshalle in München herausgebracht, dann durch
zwei Jahre über alle deutschen Städte, dann nach Skan-
dinavien und Holland, nach Polen und Rußland ging.
Unmöglich, an diesen drei Vorstellungen, mit drei so
höchst verschiedenen Dichterwerken als Grundlage –
aus den verschiedensten Epochen und Zivilisationen! –
etwas wie ein »Genre Reinhardt« zu konstatieren: es
sei denn in der außerordentlichen Kraft, jeder dieser
so verschiedenartigen Darbietungen ihren eigenen
Rhythmus zu geben und durch diesen Rhythmus jede
zu einer organischen, leidenschaftlich bewegten Einheit zu machen – eine Einheit, die ihnen der Dichter
natürlich verliehen hat, die aber auf der Bühne mit solcher Macht fühlbar zu machen nur dem ungewöhn-
lichsten Regisseur gelingt.
Reinhardts Stärke ist dieses: er erfaßt mit der tiefsten
Seele die fließende Bewegung, die jedem Drama innewohnt, und hat einen genialen Instinkt für die inneren
Veränderungen in dieser Bewegung, die man dem Zuschauer fühlbar machen muß, um ihn durch einen
rhythmischen Zauber in eine Art trance zu bringen;
hierin ist seine Tätigkeit der eines Kapellmeisters verwandt. Daran aber schließt sich das Zweite: er erfaßt
das dargestellte Drama, den Raum, in dem es darge-
stellt wird, und die Gesamtheit der Zuhörer als die drei
Komponenten einer Einheit; und diese drei Komponenten beständig in der Hand zu behalten, um die Einheit zwischen ihnen immer lebendig zu bewahren, das
ist es, worauf er die ganze nicht gewöhnliche Macht
seines Willens richtet. Ihm vollendet sich der Prozeß
der theatralischen Darbietung nicht auf der Bühne,
sondern in der Phantasie des Zuschauers, und als das

stärkste Mittel, die Phantasie des Zuschauers in die
Gewalt zu bekommen, betrachtet er den Raum, in welchem er Theater spielt. Daher sein beständiges Wechseln der Räume, in denen er spielt, wovon in zehntausend Zeitungen so viel geredet wird und welches von
so vielen Nicht-Verstehenden als ein Bedürfnis nach
Sensation ausgelegt wird. Tatsächlich ist es nie der Ge-
danke an den äußeren Eindruck, der ihn bei seinen
Handlungen leitet, sondern ein rastloses Suchen nach
den Bedingungen, unter welchen eine bestimmte Vision sich realisieren läßt. Zu diesen aber gehört für ihn
der Raum im höchsten Grad: wie ein Raum die Zuhörer umschließt und zur Einheit zusammenfaßt, ob
feierlich durch seine Höhe, wie eine Kirche, oder feierlich durch seine Weite, wie das antike Theater, ob ge-
heimnisvoll und an eine Grotte erinnernd, oder freudig
und gemütlich wie ein Gesellschaftssaal, alle diese
Dinge sind durch Monate und oft Jahre der Gegenstand seiner Träume; und seine Träume werden
schließlich immer realisiert. Er hatte in Berlin zuerst
ein Theater von gewöhnlichem Umfang und spielte
darin Komödien und Tragödien, moderne Stücke und
Kostümstücke. Nach zwei Jahren hatte er statt des einen Theaters drei: außer dem, worin er angefangen
hatte, noch ein ganz großes, und als drittes ein ganz
kleines, ohne Logen und ohne Galerie, einfach und ele-
gant wie ein Pullman Car, mit Lederfauteuils für drei-
hundert Zuhörer, und die Wände ganz ohne Orna-
ment, nur mit einer schönen Holzverkleidung; das was
ihm vorschwebte war ein Haus, das dem Gehäuse einer
Violine so ähnlich wie möglich war, und – wie die Violine – geeignet, die allerzartesten Vibrationen zu emp-

fangen und nachbeben zu lassen. Es war das berühmte
Kammerspielhaus, in dem er dann alle Stücke spielte,
die auf Intimität der Wirkung, auf Wirkung durch das
geistreiche, das witzige oder das ergreifende *Wort* besonders gestellt sind: also Bernard Shaw und Wilde,
aber auch Maeterlinck oder Knut Hamsun, manches
von Goethe, und vor allem die geisterhaften Stücke aus
der letzten Periode Strindbergs. Seitdem hat er ungefähr in jeder Art von Raum gespielt, den man sich vorstellen kann. In einem Zirkus; in einem mit Gobelins
behängten Saal der verlassenen Kaiserburg in Wien; im
Freien vor der Fassade der Kathedrale von Salzburg;
einmal in einer katholischen Kirche, und verschiedene
Male in Ausstellungshallen, mit einem Fassungsraum
bis zu achtzigtausend, wie die Rotunde in Wien. Man
darf nicht vergessen, daß er ein Meister in der Beherr-
schung des Lichtes ist; und vermittelst des Lichtes und
der Schatten ist es möglich, einen Raum zu verwan-
deln. Als Reinhardt in der Olympia Hall in London das
›Miracle‹ zum ersten Mal herausbrachte – in einem Gebäude, das für die Abhaltung von Automobilausstel-
lungen und von Sportfesten erbaut war –, hatte er die
Kühnheit, die zwanzig- oder dreißigtausend Zuschauer nicht als eine Masse zu behandeln, vor deren
Augen er die Dekoration, eine mittelalterliche Kirche,
aufbaute: sondern er nahm diese Zuschauermasse als
Mitspielende in die Kirche hinein, in eine Kirche, deren
Wände er zum Teil aus wirklichem Baumaterial, zum
Teil aber aus ungeheueren Schattenmassen in die Aus-
stellungshalle hineingestellt hatte, während der ganze
Raum, der nun diese zuschauenden Zehntausende und
die Tausende von Mitspielern einschloß, sein magi-

sches, traumhaftes Licht aus einem gotischen runden Glasfenster erhielt, das in einer ungeheuren Höhe über der finstern Masse schwebte und, wenn ich nicht irre, den dreifachen Durchmesser der berühmten »Rose«, des Rundfensters von Notre-Dame, hatte. – Als er vor drei Jahren in Salzburg auf dem Platz vor dem Dom meine neue Fassung des uralten Everyman-Themas spielte, tönten die Rufe, welche aus dem Mund von unsichtbaren Geistern dringen und Jedermann an seinen nahen Tod mahnen sollten, nicht nur aus der Kirche hervor, vor deren Fassade das Spielgerüst aufgerichtet war, sondern sie tönten – während Dämmerung sich über die fünftausend Zuseher breitete – von allen Kirchtürmen der Stadt, und einer dieser Rufer war auf dem höchsten Turm einer hoch über der Stadt gebauten mittelalterlichen Burg aufgestellt, und sein Ruf, klagend und geisterhaft, fiel – etwa fünf Sekunden später als alle anderen – zugleich mit den ersten Strahlen des aufgehenden Mondes kalt und fremd aus solcher Höhe auf die Herzen der Zuschauer herunter.

Aber er ist durchaus nicht darauf beschränkt, immer mit riesigen Dimensionen und riesigen Mengen zu operieren. Was ihn fasziniert, ist nicht das nach seinen Proportionen Große, sondern das im Verhältnis zur vorliegenden Aufgabe Richtige. Er stellt sich immer neue Aufgaben und diese verlangen zur Durchführung immer andere Mittel. Aber er läßt auch die erfolgreichen Mittel nie stärker werden als er selber ist. (Wenn eines arbeitenden Menschen Mittel stärker werden als er, entsteht die Routine, die das Gespenst der Produktivität ist.) Er weicht jedem System aus. Nie hat er sich für irgendein dekoratives Schema entschieden. Er hat

manchmal mit ganz realistischen Dekorationen gespielt, wo es ihm dem realistischen Charakter des Stük-
kes angemessen schien. Andererseits hat er sich oft die
größte Mühe gegeben und die berühmtesten Maler zu
Rat gezogen in einem Fall, wo jeder andere Theater-
direktor gewöhnliche Möbel in eine gewöhnliche Zim-
merdekoration gestellt hätte: so erinnere ich mich z. B.
an die Dekoration für Ibsens ›Gespenster‹, welche er
mit Hilfe des berühmten norwegischen Malers Edvard
Munch geschaffen hatte, der eigens um diese Zimmer
zu schaffen für Wochen nach Berlin kommen mußte.
Es war ein mittelgroßes Zimmer, eine Art Salon im
Geschmack der 1850er Jahre; aber die Zusammenstellung der Farben und auch die Form der Möbel atmete
einen Geist der Schwere, der Traurigkeit und des Ver-
hängnisses, der den Geist dieser modernen Schicksals-
tragödie in sich hielt, wie eine tragische Ouvertüre die
Motive einer Oper in sich hält. Er hat in gewissen Fäl-
len eine große aufsteigende Treppe – zu einem Palast
oder Tempel führend – zur Hauptsache der Dekoration
gemacht, z. B. im ›König Ödipus‹; aber er hat auch aus
diesem Einfall nie ein System gemacht; wogegen andere Regisseure, wie z. B. Gémier, diese Treppe von
ihm übernommen haben und von diesem Dekora-
tionsschema durch Jahre nicht losgekommen sind. Er
hat den ›Sommernachtstraum‹ vor Jahren in einer Dekoration gespielt, in welcher die Bäume des Waldes
plastisch, also der Wirklichkeit völlig angenähert waren und der Waldboden aus einem festen Teppich von
hohem Gras bestand, in welchem die liebenden Paare
oder Titania und ihr verzauberter Liebhaber so rea-
listisch lagerten, wie junge Liebespaare aus der Groß-

stadt lagern, wenn sie ins Freie gefahren [sind] und eine Waldwiese erreicht haben. Aber er hat mir vor weniger als einem Jahr gesagt, daß er daran denke, demnächst in Wien den ›Sommernachtstraum‹ wieder zu spielen, aber sozusagen ohne Dekorationen, auf einer leeren Bühne, nur vor einer grünen, einen Wald darstellenden Tapisserie. Interpretiert man diesen Ausspruch, so ergibt sich dies: er hat die seltene produktive Kraft, sich auch von seinen eigenen früheren Einfällen, selbst den erfolgreichsten, wieder unabhängig zu machen, und er wird so wenig der Sklave des Apparates, daß er mehr und mehr darauf hinarbeitet, alles was man Apparat nennt von sich zu werfen. Aber ich sehe keine Grenzen für seine Fähigkeit, aus jeder neuen Situation neue theatralische Möglichkeiten zu ziehen. Wäre er zufällig während des Krieges gefangengenommen worden und, wie so viele Künstler der kämpfenden Nationen, genötigt gewesen, Jahre in einem Kriegsgefangenenlager, beispielsweise in Sibirien, zu verbringen, so zweifle ich nicht, daß er in diesem Gefangenenlager nicht nur außerordentliche Theatervorstellungen organisiert hätte, sondern, was mehr ist: er hätte genau aus den Umständen und Beschränkungen des Ortes, aus der traurigen und besonderen Situation völlig unerwartete Hilfsmittel für die Phantasie heranzuziehen vermocht, und hätte vielleicht am Rande der Mandschurei oder an dem Ufer des Amur, zwischen Stacheldrähten, mit dem Ausblick auf eine Militärbaracke, und mit einer Besetzung, gemischt aus gefangenen Europäern, Sibiriaken und Chinesen, eine unvergeßliche Vorstellung des ›König Lear‹ gegeben, mit der asiatischen Steppe anstatt der »Heide«, und einem hölzernen Truppenspital als Hintergrund, dem er durch irgend etwas den glaubhaften Charakter einer Königsburg gegeben hätte.

Vor einem Jahr ergab es sich, daß wir durch die Güte und Kunstliebe des Erzbischofs von Salzburg die Erlaubnis bekamen, mein ›Großes Welttheater‹ in einer Salzburger katholischen Kirche aufzuführen, ein Ereignis, das seit dem sechzehnten Jahrhundert nicht stattgefunden hatte (und das sich übrigens für dieses Mysterienspiel auf protestantischem englischem Boden wiederholen wird: denn der Bischof von Leeds hat kürzlich die gleiche Erlaubnis, dieses geistliche Spiel aufzuführen, einer Gruppe von Künstlern und Schauspielern für die Hauptkirche von Leeds erteilt). Die Kirche, in der wir spielten, ist das Werk eines großen Architekten des achtzehnten Jahrhunderts. Sie ist im Stil des Palladio gebaut, als ein feierlicher und prächtiger Palast, in dem Gottes Altar steht. Ihr Inneres ist sehr prunkvoll und freudig; obwohl durchaus mit spiegelndem farbigem Marmor bekleidet und mit weißen in Nischen stehenden Marmorstatuen geschmückt, empfängt sie ihre Stimmung, die einer Haydnschen Symphonie verwandt ist, nicht hauptsächlich durch den Glanz ihres Materials, sondern durch die Harmonie ihrer Formen, die geistige Schönheit des Verhältnisses, in der eine riesige und doch leicht scheinende Kuppel auf dem säulengestützten Mittelschiff aufruht. Manche der Kirchen, welche die Spanier in dem auf die Eroberung folgenden Jahrhundert in Mexiko gebaut haben, geben einen guten Begriff, um was für eine Art von Gebäude es sich handelt. Der Hochaltar war verhangen und ein Behang von der gleichen Farbe: scharlachrot – die kirchliche Farbe der Märtyrer –, lief bis zu einer Höhe von fünf oder sechs Metern rings um die Kirche. Mit dem gleichen Stoff war das einfache Gerüst bekleidet, welches Reinhardt für das Spiel entworfen hatte: nichts als ein Podium, in der ganzen Breite der Kirche, vor dem Hochaltar; nächst dem Altar war es höher, eine Art Oberbühne; von dort stieg man über fünf Stufen auf die niedrigere vordere Bühne herab. Alle Nebenaltäre waren verhangen; das Scharlach des Behanges und der Marmorton der Wände waren die einzigen Farben, welche Reinhardt hatte bestehen lassen. Aber außerordentlich war die Wirkung, welche er aus der feierlichen und ungewohnten Höhe eines solchen Raumes gezogen hatte: die Worte, sei es der Strenge, sei es der Gnade und des Trostes, welche die Engel in verschiedenen Augenblicken des Spieles unter die handelnden Menschen zu werfen haben, ertönten von ganz oben, aus kleinen Loggien, die der Baumeister im Bereich der Kuppel angebracht hatte; und es schien wirklich wahrscheinlicher, daß die weißen beflügelten Gestalten, die plötzlich von dort oben herunter sprachen, vom Himmel herabgeflogen wären, als daß sie von unten – aus einem so prosaischen Bereich wie den Schauspielergarderoben – dorthin gelangt seien. In der Tat hatten einige dieser Loggien und Nischen gar keine Zugänge, oder diese Zugänge waren, als überflüssig, im Lauf der Zeit vermauert worden; und die Schauspieler waren, gleich Matrosen, auf Strickleitern zu ihren Standorten gelangt.

Ein gewisser Moment dieses Spieles war einer der stärksten aus allen Inszenierungen, welche Reinhardt je gemacht hat, ja er war so stark, daß durch die im Däm-

mer der Kirche zusammengepreßte große Zuschauer-
schar ein mit Seufzern und halblauten Ausrufen der Er-
schütterung gemischtes Zittern lief und man einen Augenblick lang befürchten konnte, der Eindruck werde
stärker sein als die Nerven der Zuschauer. Dieser Moment war der, wo der Tod die einzelnen Figuren, welche zusammen das ›Welttheater‹ vorstellen – der König
und der Bettler, der reiche Mann und der Bauer, die
Schönheit und die Nonne –, nacheinander abholt, um
sie von der Bühne zu führen: Reinhardt hatte dieses
Abholen zu einem Tanz des Todes mit jedem einzelnen
seiner Opfer gestaltet, und wie für andere Momente
des Spieles aus der Räumlichkeit der Kirche, so hatte er
für diesen Moment aus der Körperlichkeit des Darstel-
lers die überraschendsten Vorteile gezogen. Der Darsteller des Todes, ein Schauspieler von sehr schlankem
Körperbau und außerordentlichen mimischen Quali-
täten, dazu ein vollkommener Gymnast, war während
des ganzen Spieles, unbeweglich wie eine Statue, auf
einer hohen, mit dem Scharlachstoff überspannten
Säule gestanden. Man hätte ihn und einen in gleicher
Höhe ihm gegenüber postierten Engel ebensogut für
figurale Teile der Kirchenarchitektur als für Mitspieler
halten können. Jetzt, im Augenblick da Gott ihm be-
fehlen läßt, in die Handlung einzugreifen, verläßt er
sein hohes Postament, indem er auf einer unsichtbaren,
unter dem Scharlachstoff verborgenen Leiter, lautlos,
wie mit Spinnenbeinen, herabsteigt. Zugleich trom-
melt er, mit zwei langen Knochen als Trommelschlegeln, auf einer unsichtbaren – d. h. nicht vorhandenen –
Trommel einen Rhythmus, der allen Zuhörern durch
Mark und Bein geht. (Unnötig, zu sagen, daß dieser

furchtbare Rhythmus tatsächlich von Pauken und Gongs auf der Orgelgalerie ausgeführt wird; jeder der Zuhörer würde schwören, er gehe von der nicht vorhandenen kleinen Trommel aus, die am Gürtel des Todes befestigt ist.) Immerfort diesen Rhythmus wirbelnd, nähert er sich mit Schritten von unheimlicher Grazie (es ist ein sehr schön gewachsener Mensch, in Schwarz, in der Tracht eines spanischen Kavaliers) der ersten der Figuren, die er abzurufen hat: dem König. Nach rückwärts schreitend, die leeren Augenhöhlen auf den König geheftet, zwingt er durch die Gewalt dieses getrommelten Rhythmus diesen, vom Thron herabzusteigen und ihm Schritt für Schritt nachzufolgen. Aber die Gewalt dieses Trommelns ist eine solche, daß von ihr der König gleichsam gerissen und geworfen wird: er schreitet nicht mehr wie ein lebender Mensch, der von einem Instrument geführt wird, sondern es ist so, als säße seine Seele nicht mehr in ihm, sondern in diesen Trommelschlegeln. Wie eine in Drähten hängende Puppe, deren Glieder schleudern, kommt der König hinter dem Trommler her und stößt dazu die Verse, die er zu sagen hat, gleichsam mechanisch hervor. So führt ihn der Tod gegen die Zuschauer vor, dann wirft er ihn – immer durch sein Trommeln – jäh herum und führt ihn an seinen Standort zurück. Dann holt der Tod die nächste Figur: den Reichen oder die Schönheit, und tut den gleichen Gang nach vorwärts und zurück wieder mit ihr, und so nacheinander mit allen sechs Gestalten. Und während dieser sechsmaligen Wiederholung der gleichen unheimlichen Tanzfigur saßen die Zuschauer wie gebannt und festgeschraubt, und jener mittelalterliche Schrei »Ti-

mor mortis me conturbat« schien in jeder Kehle aufzu-
steigen und in jeder Kehle steckenzubleiben.

So weit kann die Kraft eines Regisseurs gehen, wenn er
das starke, durch die Sinne bis in die Tiefe des Herzens
greifende mimische Motiv zu erfinden und im richti-
gen Moment einzusetzen weiß.

Ich habe eine einzige Sache hier skizziert; einen starken
Moment aus einer seiner Inszenierungen. Und Reinhardt hat in seinem Leben weit über hundert Inszenierungen gemacht und zu jeder ein dickes Regiebuch
verfaßt, das immer drei- und viermal so viele Worte
enthält als das Stück selbst. Jedes dieser Regiebücher
zeichnet für jede einzelne Szene des Stückes und für
jede Zeile des Textes die wechselnde Lautstärke vor,
jede einzelne Pause und ihre musikalische und pathetische Bedeutung; desgleichen alle Wechsel der Licht-
stärke und der Färbungen, die das Bühnenbild an-
nimmt, um mit dem Wechsel der Stimmung völlig
übereinzustimmen; alle jene die Handlung begleiten-
den Geräusche, vom unterirdischen Rollen und leisen
Hauchen des Windes bis zur vollen Musik, in deren
aller Verwendung Reinhardt besonders reich ist; endlich jede Gebärde jedes einzelnen der Mitspielenden bis
zum geringsten Statisten, und alles, was zu dieser Gebärde gehört: die Körperlichkeit des Schauspielers, die
er nach seinem festen Phantasiebild aus der ungeheuren
Masse von Schauspielern, die er im Gedächtnis trägt,
heraussucht, das Kostüm und endlich das Requisit. Nie
wird in einer seiner Inszenierungen eine schöne Dame
einen Handspiegel in die Hand nehmen, über dessen
Form er nicht eingehend nachgedacht hätte; und ich
habe ihn auf einem Stück Papier zehn Entwürfe für die

Form einer Streitaxt machen sehen, welche er in Macbeths Hand gibt, als dieser seinen Gang zu Hekate und den Hexen antritt: es war genau die unheimliche Waffe, die ein mutiger Mann in einer verzweifelten Lage an sich nimmt, um seinen Leib gegen Angriffe aller Art, und gingen sie auch nicht von irdischen Wesen aus, zu sichern.

Reinhardt ist der vollkommene Visionär der Bühne; und er weiß, daß es in einem Traum oder einer Vision nichts Gleichgiltiges und Nebensächliches gibt; dies ist die große Stärke seiner Inszenierungen: nichts, auch nicht das Geringste, ist in ihnen mit geringerer Aufmerksamkeit und mit einem geringeren Aufwand von Kraft und Phantasie behandelt, als womit andere Regisseure *das* behandeln, was sie für die Hauptsache halten.

GOTTHOLD EPHRAIM LESSING

Zum 22. Januar 1929

Die geistige Atmosphäre innerhalb dieser (um Grillparzers Worte zu gebrauchen) »wetterwendischen, in
sich selber unklaren« Nation, der deutschen, ist in
einer solchen Veränderung begriffen, daß es schwierig erscheint – was jedenfalls während der letzten
hundert Jahre nicht für schwierig gegolten hätte –,
über einen unbezweifelten Klassiker wie Lessing
heute etwas auszusagen, worin zugleich das Verhältnis der Allgemeinheit zu ihm klar zum Ausdruck
käme. Eine solche Schwierigkeit wäre für einen
Franzosen oder Engländer unverständlich, denn dort
pflegen auch die heftigsten politischen und sozialen
Änderungen die geistigen Hauptverhältnisse unberührt zu lassen. Innerhalb der deutschen Sprachwelt
aber sind wir im Zusammenhang mit dem, was geschehen ist, gewissermaßen in ein anderes Klima geraten, von wo aus zu dem sozusagen selbstverständlich
Vorhandenen ganz neue Richtlinien gezogen werden
müssen.
Trachtet man aber, in sich selber eine neutrale Ebene
herzustellen, so erkennt man, daß die Erscheinung dieses außerordentlichen Menschen Lessing sich immer in
der gleichen Entfernung von uns befindet – auf einer
anderen Ebene zwar als wir selber, aber ohne daß die
Distanz sich merklich verändert hätte. Historisch gesprochen, erkennen wir vielleicht mehr als zuvor seine

Zusammenhänge mit dem achtzehnten Jahrhundert, dem er so völlig angehört, und darüber hinaus sogar mit dem sechzehnten, dem Jahrhundert des militanten Protestantismus und des militanten Gelehrtentums. Aber mit absoluten Maßstäben gemessen, ist er uns nahe, und gehört zu den Kräften, unter deren Einfluß wir stehen. Der Ton seiner Polemiken, die Vereinigung der Logik mit etwas Höherem, schwer zu Benennendem – das, was seine Logik so wenig trocken erscheinen läßt –; das Wenige und doch Bedeutende, das unser Gedächtnis von seinem Leben mitträgt; die Struktur seiner Stücke, der Rhythmus in ihnen, das Besondere und Einmalige, herb Männliche, leuchtend Metallische; die merkwürdigen Worte, die gelegentlich über dunkle Gebiete unseres Denkens so blitzartig Licht auswerfen; dies alles ist da und trifft uns mit einer Kraft, der man alles absprechen kann, nur nicht, daß sie lebendig sei. Unsere Schulverfassung, die ja ihrem Geist nach auch schon fast hundert Jahre alt ist, gibt ihm einen imposanten Platz: sie macht aus ihm, mehr als aus einem anderen unserer geistigen Vorfahren, einen Gefährten der Jugend. Man kann zweifeln, wieweit sechzehnjährige Knaben imstande sind, durch solche Verkleidungen hindurch wie den ›Laokoon‹ und die ›Hamburgische Dramaturgie‹ das Großartige seines Charakters zu spüren, aber etwas bleibt von einer solchen Begegnung bei den Empfänglicheren. In einer viel sinnfälligeren Weise hält ihn das Theater am Leben.

Da sind diese drei Stücke: ›Minna von Barnhelm‹, ›Emilia Galotti‹, ›Nathan der Weise‹. Sie sind heute wirksam wie je. Es ist keine Phrase, wenn man sagt, daß durch ihr Wegfallen das Repertoire sehr fühlbar verarmen würde. Was sie stark macht, ist nicht die Erfindung allein und nicht die Charakteristik allein, sondern daß diese beiden ineinandergehen. Lessing hat ausgezeichnete Rollen geschrieben: darum erhalten die Schauspieler seine Stücke auf dem Theater. Aber diese Rollen stehen nicht für sich; sie stehen in Gruppen, und in diesen Gruppen liegt ein ungeheurer Kalkül: so machen die Rollen einander wechselweise noch stärker, als jede für sich schon wäre. Auskalkuliert ist alles an diesen Figuren, aber von einem Mann, dessen Genie die Logik und die Berechnung war. Shakespeare beiseite und Calderon beiseite; aber man nenne mir unter den Deutschen oder überhaupt unter den Modernen, die fürs Theater gearbeitet haben, einen, der es in sich gehabt hätte, aus der auskalkulierten Notwendigkeit, daß er eine Figur brauchte, die dem Odoardo einen Dolch in die Hand spiele, eine Gestalt wie die Orsina herauszuspinnen.

›Emilia‹ ist das kunstvollste dieser Produkte, im bedenklichen Sinn des Wortes auch, vor allem aber im positiven. Eine Gruppierung wie die: der Prinz, Marinelli, die Orsina, entspringt nur einem Kopf ersten Ranges. Daß der Schluß mit dem Virginiamotiv etwas Überhastetes und Künstliches hat, ist hundertmal ausgesprochen. Auch gegen die Sprache läßt sich alles sagen – hier ist nichts vom Hauchenden, Seelenhaften, das dann durch Goethe in die Sprache auch des Theaters kam, auch nichts vom finstern Naturlaut, den die Stürmer und Dränger aufbrachten; alle diese Figuren reden in scharfen Antithesen, in pointierten Wendungen, wie wenn sie alle Denker wären, – für diese Sprache aber läßt sich nur das eine sagen: sie hat ein solches geistiges Leben in sich, daß sie aus dem Stück etwas Unverwesliches gemacht hat.

›Nathan‹ hat man den Gipfel von Lessings poetischem Genie genannt; Friedrich Schlegel nannte es »Lessings Lessing, das Werk schlechthin unter seinen Werken« – andere nennen es ein schwaches Werk, das zwischen der Poesie und Philosophie im Leeren hänge. Das sind Urteile – es ist über wenige Menschen so viel Geistreiches und auch Gescheites gesagt worden wie über Lessing, – aber das Theater gibt die immerhin entscheidende Auskunft, daß ›Nathan‹ auch heute lebt – wenngleich man dieses Stück, für mein Gefühl, nie so gespielt hat, wie es gespielt werden müßte; ganz als das geistreichste Lustspiel, das wir haben, ganz auf die unvergleichliche Gespanntheit dieses Dialoges hin, dies Einander-aufs-Wort-Lauern, Einander-die-Replik-Zuspielen, auf dies Fechten mit dem Verstand (und mit dem als Verstand maskierten Gemüt), wovon das ganze Stück bis in die Figuren der Mamelucken hinab erfüllt ist, fast wie das Stück eines der großen Spanier.

An dem Leben, das in der ›Minna‹ steckt, wagt auch der Zweifel nicht zu zweifeln; hier ist auch die Sprache über dem Nörgeln, aus einem helleren gehämmerten Metall – voll Witz und näher sich herablassend zum Mimischen.

Aber bei scheinbar so großer Verschiedenheit sind sie alle drei innigst verwandt; sie sind wahrhaft die Kinder eines Vaters, und wie seine Polemik aus seinem tiefsten Selbst herauskam, so auch die Dialektik dieser Figuren. Jede von ihnen hat etwas von ihrem Urheber: wie er,

stehen sie mitten in einer Nation von Grüblern als
höchst ungrüblerische Naturen; den Genuß des Denkens kennen sie alle (das ist, wenn man will, das Unrea-
listische an ihnen), aber Denken und Handeln sind
ihnen eins: das ist das Undeutsche an ihnen.

Er beeinflußte viele, aber in der Stille. Schillers Werden, vor allem der Mut zu den entscheidenden Jugend-
werken, ist ohne ihn nicht denkbar; sein Einfluß auf
Grillparzer ist versteckt, aber gleichfalls sehr groß:
der Dialog Grillparzers, dort wo er am besten, am
freiesten von Schiller ist, hat von ihm das Salz im Blut.
Andererseits hat er die Iffland und Schroeder hervorgebracht und mit ihnen das ganze deutsche bürgerliche Schauspiel bis auf den heutigen – oder den gestri-
gen – Tag.

Seine Stücke sind er selbst: seine Wesenheit, Form geworden. So wie diese Figuren sich zueinander und zu
sich selber verhalten, so elastisch, bündig, schlagkräf-
tig, voll von einer unglaublichen Wachheit und Be-
wußtheit (aber ohne alles Zerfaserte und Bohrende), so
war er selbst. So verlief diese ganze Existenz. Physio-
gnomisch genommen, um Rudolf Kassner das Wort zu
entlehnen, dem seine Arbeiten eine so große Tragweite
gegeben haben, ist es eine Figur von solcher Geschlos-
senheit, wie die deutsche Literaturgeschichte keine
zweite aufzuweisen hat. Das ganze männliche Freie,
Trockene seiner Lebensführung; die Existenz als freier
Gelehrter, als Rezensent, in einer so dumpfen, gebun-
denen Welt; die Lust am Umspringen, am Wechsel immer wieder (ohne jedes romantische Schweifen) – am
Kampf, in dieser herrisch nüchternen Weise; die paar
Freundschaften mit Männern, mit dem unglücklichen

Ewald von Kleist, mit Moses Mendelssohn; die späte
Brautschaft und Ehe, der tiefe Ernst darin und doch das
das Schwingende; die letzten Jahre als Bibliothekar
in Wolfenbüttel, und der frühe Tod, auch er von
einem fast römischen Stil in der Nüchternheit – die
Abwesenheit gewollt jeder Repräsentation, lebens-
lang; die paar Details, die wir wissen: die eingestandene
Liebe zum Spieltisch, das immer Traumlose seiner
Nächte: alles geht zusammen zu einer imponierenden
Einheit wie die Züge an einer römischen Porträt-
büste.

Achtung zu fühlen, Achtung zuzuerkennen dort, wo er
sie fühlte, das setzte sein Gemüt in Bewegung. Da ihm
edle Juden, oder ein edler Jude, begegneten, bezeigte er
den Juden Achtung; er spricht durch den Mund des alten Galotti von jener »guten, unsers Mitleids, unsrer
Hochachtung so würdigen Gattung der Wahnwitzi-
gen«. Die Gesinnung im allgemeinen ist die des Jahrhunderts, aber im Ausdruck ist der ganze Lessing. In
der Art, wie er Achtung zuerkannte (und wie er sie ver-
weigerte), liegt das ganze Pathos des Menschen; ein
schwingender Stahlstab, fix an einem granitenen Sok-
kel, dem Verstand. Neben ihm, nach ihm, bricht der
Schwall durch: der Überschwang des ›Werther‹ (den er
geringschätzte), der Überschwang der Stürmer und
Dränger (die er mißachtete), Jean Paul, die Romantik,
Hegel, Fichte, Schelling: das Ausschweifende des Geistes, mit dem diese »gedankenvolle, aber tatenarme«
Nation auf die französische Ausschweifung des Han-
delns antwortete.

Er war von einem anderen Geschlecht; er zeigte eine
Möglichkeit deutschen Wesens, die ohne Nachfolge

blieb; er beherrschte den Stoff, statt sich von ihm be-
herrschen zu lassen. Seine Bedeutung für die Nation
liegt in seinem Widerspruch zu ihr. Innerhalb eines
Volkes, dessen größte Gefahr der gemachte Charakter
ist, war er ein e c h t e r Charakter.

BIBLIOGRAPHISCHE HINWEISE

Die Berührung der Sphären: Hugo von Hofmannsthal, ›Die
Berührung der Sphären‹, S. Fischer Verlag, Berlin 1931.
Loris: ›Loris. Die Prosa des jungen Hugo von Hofmanns-
thal‹, S. Fischer Verlag, Berlin 1930.

Eleonora Duse. Eine Wiener Theaterwoche. 1892. Erstdruck:
›Das Magazin für Literatur‹, Berlin und Stuttgart, 61. Jg.,
Nr. 11, 12. 3. 1892. Erste Buchveröffentlichung: Loris. –
Eleonora Duse gastierte vom 20. bis 27. Februar; es war ihr
erstes Auftreten in Wien.
Die Menschen in Ibsens Dramen. 1892. Erstdruck: ›Wiener Li-
teratur-Zeitung‹, Leipzig/Wien, 4. Jg., H. 1, 15. 1. 1893; H. 2,
15. 2. 1893; H. 3, 15. 3. 1893. Erste Buchveröffentlichung:
Loris.
Poesie und Leben. 1896. Erstdruck: ›Die Zeit‹, Wien,
16. 5. 1896. Erste Buchveröffentlichung: Loris. – Es ist nicht
erwiesen, ob es sich bei dem Aufsatz um einen Teil eines tatsächlich von Hofmannsthal gehaltenen Vortrags handelt.
Ein Brief. 1902. Erstdruck: ›Der Tag‹, Berlin, Nr. 489,
18. 10. 1902; Nr. 491, 19. 10. 1902. Erste Buchveröffentlichung: Hugo von Hofmannsthal, ›Das Märchen der 672.
Nacht und andere Erzählungen‹, Wiener Verlag, Wien und
Leipzig 1905.
Schiller. 1905. Erstdruck: (I) ›Die Zeit‹, Wien, Nr. 926,
23. 4. 1905; (II) ›Berliner Tageblatt‹, Nr. 18, 1. 5. 1905, Bei-
blatt Der Zeitgeist. Erste Buchveröffentlichung: (I) Die Berührung der Sphären; (II) Hugo von Hofmannsthal, Gesammelte Werke in Einzelausgaben, ›Prosa II‹, S. Fischer Verlag,
Frankfurt am Main 1951.
Balzac. 1908. Erstdruck: ›Der Tag‹, Berlin, Nr. 150,
22. 3. 1908; Nr. 153, 24. 3. 1908. Erste Buchveröffentlichung:

Honoré de Balzac, ›Ein Junggesellenheim‹ (Balzac's Menschliche Komödie, I. Band), Insel Verlag, Leipzig 1908.

Nijinskys ›Nachmittag eines Fauns‹. 1912. Erstdruck: ›Berliner Tageblatt‹, Nr. 631, 11. 12. 1912. Erste Buchveröffentlichung: Die Berührung der Sphären. – Waclaw Nijinsky, Erster Tänzer der von Serge Diaghilew geleiteten ›Ballets Russes‹, schuf die Choreographie zu Debussys ›Prélude à l'aprèsmidi d'un faune‹ nach dem Gedicht von Mallarmé.

Blick auf Jean Paul. 1913. Erstdruck: ›Neue Freie Presse‹, Wien, Nr. 17451, 23. 2. 1913. Erste Buchveröffentlichung: Hugo von Hofmannsthal, ›Rodauner Nachträge‹, Dritter Teil, Amalthea Verlag, Zürich/Leipzig/Wien 1918.

Zwei kleine Betrachtungen. 1921. Erstdruck (zusammen mit ›Schöne Sprache‹ als ›Drei kleine Betrachtungen‹): ›Neue Freie Presse‹, Wien, Nr. 20 323, 27. 3. 1921. Erste Buchveröffentlichung: Die Berührung der Sphären.

Komödie. 1922. Erstdruck: ›Neue Freie Presse‹, Wien, 15. 4. 1922. Erste Buchveröffentlichung: Die Berührung der Sphären. – Rundschreiben des Ausstellungskomitees an alle deutschen Theater und die großen europäischen Bühnen.

Reinhardt bei der Arbeit. 1923. Erstdruck (in englischer Übersetzung): Max Reinhardt and his Theatre, ed. by Oliver M. Saylor, Brentano's, New York 1924. Erstdruck in deutscher Sprache: Hugo von Hofmannsthal, Gesammelte Werke in Einzelausgaben, ›Aufzeichnungen‹, S. Fischer Verlag, Frankfurt am Main 1959.

Gotthold Ephraim Lessing. 1929. Erstdruck: ›Neue Freie Presse‹, Wien, Nr. 23 114, 20. 1. 1929. Erste Buchveröffentlichung: Die Berührung der Sphären. – Zum 200. Geburtstag Lessings am 22. 1. 1929.